버무린 가족

버무린 가족

초판 1쇄 인쇄 | 2021년 02월 22일
지은이 | 김형하
펴낸이 | 이승훈
펴낸곳 | 해드림출판사
주 소 | 서울 영등포구 경인로82길 3-4(문래동1가 39)
　　　센터플러스빌딩 1004호(우편07371)
전 화 | 02-2612-5552
팩 스 | 02-2688-5568
E-mail | jlee5059@hanmail.net

등록번호　제2013-000076
등록일자　2008년 9월 29일

ISBN 979-11-5634-447-6

김형하

에세이

버무린 가족

봄은 그저 오는 것이 아니다.
봄은 혹독한 추위를 견뎌내고 아프면서 온다.
그런 봄을 기다리며 기꺼이 마중하리라.

해드림출판사

/ 머리말 /

무엇을 쓴다는 것

  무엇을 쓴다는 것은 인생에 있어 긍정적인 발상이라 생각한다. 인생은 빵만으로는 살 수 없는 것. 황폐해진 마음을 정화하고 남에게 도움이 되는 목적 아래 행해지는 삶의 지혜가 글이라 생각한다. 어떤 글이 됐든 쓴다는 것은 그렇게 쉬운 작업은 아니다. 작가의 눈과 독자의 눈을 가지고 쓰지 않으면 안 될 것으로 본다.
  문학 지망생이 홍수처럼 쏟아지는 현실을 긍정적으로 바라본다. 글 쓰겠다는 마음가짐이라면 글 쓰는 데 필요한 최소한의 상식과 예의에 어긋나지 않은 글을 쓰고 싶다. 나의 서툰 수필집 한 권을 다시 세상에 내보인다. 독자에게 다시 미안하다.

2021년 봄
김형하

/ 차례 /

머리말 무엇을 쓴다는 것   / 5

1부   봄은 아프면서 온다

봄의 속삭임 / 12
봄은 아프면서 온다 / 15
제피나무 / 18
사랑의 티타늄 반지 / 22
사랑의 충고 / 25
영화, 히말라야 자국눈에 밟히다 / 30
약속 / 35
남자의 갱년기 / 38
멋쟁이 장모님 / 43
낮거리 / 47
나를 반성하고 성찰하는 수련방법 / 50

2부 소요유(逍遙遊) 소요유다

소요유(逍遙遊) 소요유다	/ 55
구름 위에 산책	/ 60
문수산성(文殊山城)	/ 64
마니산	/ 68
괘방산, 고양이처럼 귀엽다	/ 71
부용산(芙蓉山)	/ 75
거대한 땅, 중국에 가다 1	/ 80
거대한 땅, 중국에 가다 2	/ 87
거대한 땅, 중국에 가다 3	/ 94
팔월산	/ 98

3부   내 인생, 나의 인생

단칼에 베어라	/ 104
십만 불의 약속	/ 109
티타늄 물고기	/ 112
아프지 마	/ 116
동물의 감정	/ 119
이름 대신 별명 하나 어때?	/ 123
내 인생의 마수걸이 날	/ 128
그림자의 자화상	/ 132
중고시장에서	/ 136
권모술수(權謀術數)	/ 140
내 인생, 나의 인생	/ 143
감투거리	/ 149
글 써서 굶어 죽지 않겠나?	/ 153
슬픈 날의 기록물	/ 157
들러리	/ 162
버무린 가족	/ 165
사랑에 관한 명상	/ 169
아름다운 꽃	/ 174
부성애	/ 178
인생을 벼리다	/ 183

4부 어떤 갈등에 대하여

영웅론	/ 192
아름다움의 충고	/ 196
동지(冬至)	/ 200
금속론	/ 206
아름다운 동행	/ 211
낫	/ 215
배꼽이다	/ 219
삼매의 품격	/ 223
원숭이의 발자국	/ 228
비각	/ 232
도귀	/ 235
어떤 갈등에 대하여	/ 239
죽음을 벼리는 자	/ 245
고추	/ 250
귀향(歸鄕)	/ 256
시설 당직원	/ 260
어떤 기부(記付)에 대하여	/ 265
눈물로 쓴 엄마의 편지	/ 270

작가의 말 문학성에 대한 소고   / 275

1부

봄은 아프면서 온다

봄의 속삭임

춘삼월 봄이 왔다. 봄은 만물이 생동하는 환희의 내재율이다. 눈앞에 새싹이 돋아나고 싱그러운 봄 향기가 빠끔히 고개를 내민다. 고향에도 봄이 왔다. 아롱아롱 피어오르고 지우천이 방긋 미소 지으며 나근나근 흐른다. 도로를 따라 옹기종기 모여 앉은 내 고향 내동, 효자동 마을이 눈에 선하다. 아직 꽃샘추위가 봄을 시샘하고 있지만, 마음 설레는 봄이다. 마음 설레다 보면 유독 봄 타는 사람이 있다. 봄의 생명력은 스프링처럼 튀어 오른다. 그래서 봄을 Spring이라 한다. 봄(Spring)이 오면 나는 이해인 시인처럼 "활짝 피어나기 전에 조금씩 고운 기침을 하는 꽃나무들 옆에서 봄 앓이를 하고 싶다."

주말에는 전국에 강풍을 동반한 많은 비가 내리고 강원도 일부 산간은 폭설이 내린다는 일기예보가 있었다. 삼월에 눈이라니, 봄을 시샘하는 날씨의 질투이다. 3주 전부터 홀쩍홀쩍 앓아

오던 코감기가 떨어졌는지 봄내음이 콧구멍을 간지럽힌다. 오늘 아침은 아내가 씀바귀 뿌리 무침에 냉이 된장국을 준비했다. 입맛을 잃지 않고 기운을 돋우는 데는 봄나물이 최고다. 대표적인 봄나물은 두릅, 냉이, 달래, 씀바귀, 참나물, 쑥이나 달래, 냉이, 원추리 등이 있다. 이들 봄나물은 연한 섬유질로 이루어져 있어 우리 몸의 장을 씻어 주기도 한다. 냉이 된장국을 두 그릇이나 비웠다.

씀바귀 뿌리 무침 한 점 입안에 넣어봤다. 쓴맛이 강렬하다. 대체로 쓴 음식을 좋아하지만, 이런 쓴 음식은 생전 처음이다. 아내에게 요리법을 물어봤다. 씀바귀 뿌리에 각종 양념을 넣고 정성껏 만들었는데 끓는 물에 삶아서 하룻밤 정도 소금물에 담가 두어 쓴맛을 빼야 했는데 곧장 버무린 바람에 쓴맛이 소태 같았다. 쓴맛이 몸에 좋으니 많이 잡사 두란다. 밥 한 그릇 먹는 동안 강렬한 쓴맛이 입안에 가득했다. 씀바귀는 열을 내리고 해독작용을 하며 위를 튼튼하게 하고 설사나 노화 억제와 면역력 향상에도 좋은 건강 나물이고 약이란다.

쓴맛 하면 떠오르는 아련한 추억 한 페이지가 있다. 18년 전 4월 어느 일요일, 새벽 공기도 차고 봄비가 부슬부슬 내렸다. 고교 동창 다섯이 가평에 있는 장재울 소재 명지산 계곡에 봄나들이 갔다. 명지산은 진달래와 여러 가지 이름 모를 들꽃과 더덕, 두릅 등 봄의 생명력을 만끽할 수 있었다. 우리는 더덕을 캐어

'더덕계탕'을 만들어 맛있게 먹으며 자연을 즐겼다.

　따뜻한 봄 햇살 아래 청정인 산골 개울가 바위틈에는 아직도 얼음이 녹지 않았다. 얼음 틈새에도 봄은 빠끔히 얼굴을 내밀었다. 집으로 돌아오는 길, 산골 논두렁 밭두렁에는 봄나물로 온통 연두색이다. 민들레와 쑥을 캐기 시작했다. 이 봄나물은 나와는 어릴 적부터 친숙하다. 쑥을 일부러 뿌리째 캤다.

　집에 돌아오니 컴컴한 밤이다. 피곤이 밀려온다. 배낭에서 주섬주섬 비닐봉지를 꺼내 아내에게 내밀었다. 아내는 뿌리까지 달린 쑥을 보고는 깜짝 놀란다. 이런 쑥으로는 국을 끓일 수 없다며 내 금싸라기 같은 수고를 냉정하게 뿌리친다. 뿌리를 넣고 국을 끓이면 혼자서 다 먹겠노라며 큰소리쳤다. 아내는 마지못해 쑥을 깨끗이 씻어 국을 끓였다. 쑥국은 시꺼멓다. 보기만 해도 쓰다. '몸에 좋은 약은 쓰다.'라는 속담을 상기하며 쑥국을 한 그릇 담아 몇 숟가락 떴다. 이건 쑥국이 아니고 사약이다. 그때의 쑥국 쓴맛과 오늘 아침에 먹었던 씀바귀 뿌리 무침 쓴맛이 같았다.

봄은 아프면서 온다

 봄이 오려나 보다. 창문을 빠끔히 열고 보니 꽃샘추위가 봄을 시샘한다. 지난겨울이 유난스럽지는 않았지만, 그래도 내게는 유난히 봄이 그리운 겨울이었다. 어김없이 찾아오는 계절에 화창한 봄날이 아니어도 좋다. 그저 꽃 피고 새 울고 아지랑이 피어나는 시골 같은 봄이면 좋겠다. 봄은 그저 오는 것이 아니다. 봄은 혹독한 추위를 견뎌내고 아프면서 온다. 그런 봄을 기다리며 기꺼이 마중하리라.

 봄은 희망이요 꿈이요, 기다림이요, 그리움이다. 나는 창가에 앉아 봄을 기다리는 사람들을 생각한다. 지독하게 몸살을 앓아 몸 야윈 사람들, 상처받고 낙담하는 사람들, 사랑하는 사람과 이별한 사람들, 울분을 삭이며 인내하는 사람들, 힘없는 사람들, 그들은 봄을 기다리는 대표적인 사람들이다. 별뉘 사이로 쏟아지는 햇살이 아니어도 좋다. 한줄기 동살을 기다린다. 어둑

어둑한 그림자 속에서 푸르스름하게 비치는 빛줄기 같은 그런 봄, 기다리지 않아도 저절로 오는 봄은 진정한 봄은 아닐 터, 봄은 누구나 공평하듯 하지만, 실제는 불공평하다는 생각이 든다.

쏠림현상 같은 소외감이 밀려오는 것은 무엇 때문일까? 아직 봄을 마중할 준비가 되지 않아서일까, 꽃샘추위 같은 비틀거리는 바람일까, 움츠리는 기죽음일까, 창틈으로 새어 들어오는 빛 그림자가 새치름하다. 어디에선가 봄기운이 풋풋하게 속삭인다. 봄 오는 소리에 눈을 뜨니 봄이 눈앞에 살랑댄다. 앙증맞기까지 한 봄, 꼼지락꼼지락 꿈틀댄다.

눈감으면 고향의 봄날이 아른거리고 케케묵은 거름 냄새며 흙냄새가 가슴 깊숙이 스며든다. 나른한 봄날 오후 개나리 피고 살구꽃 피는 고향의 봄이 그립다. 보리밭 샛길에 춘란 같은 수줍은 청순함이여! 빛바랜 추억이여! 하고많은 봄날이 오갔지만, 또 새로운 봄을 위하여 나는 그런 봄을 그리워하는 것이다. 화사한 봄, 화창한 봄, 박옥혼금(璞玉渾金) 같은 투박한 봄을 기다린다. 누구나 그리는 봄은 있을 것이다. 때로는 물질과 욕망의 봄일 수도 있다. 그러나 이런 봄은 자연의 순리 같은 봄이 아니어서 어색하다. 그래서 봄은 저절로 오지 않는다.

아프면서 오는 봄의 길목에 서서 나는 머뭇거리며 서성인다. 나를 가로막는 마음의 빙벽을 깨야 한다. 아픔을 견뎌내야 한다. 봄은 아프면서 찾아오는 길손이라 믿는다. 봄이 왔는데도 마음은 착잡하다. 봄은 봄에만 오지 않는다. 봄은 계절 없이 찾아오는 길손이기에 설레고 아프다.

나는 까만 활자를 토닥인다. 나의 봄을 위하여, 봄은 아프면서 온다. 봄/아직 서툴다/그저 오는 것 같지만/봄은/아프면서 온다. 더구나 지천명을 넘어 육십령 고갯길 너머 나에게도 봄이 있다. 엔간한 축복이 아닐 수 없다. 젊은 피와 푸른 청춘은 녹슬었어도 마음은 초록 같은 설렘이다. 봄은 소리 없이 나를 보듬는다. 이제는 슬픈 노래는 부르지 않으리라.

제피나무

 그 많고 많은 향 내음 중 내 안의 향이 내 안에 있으니 좋아 죽겠다! 이 향을 유독 좋아하는 나는 이상한 사람으로 취급받기까지 한다. "뭔 제피가루를 그렇게 좋아하는 사람은 처음 봤네." 제피 향기는 나처럼 좋아하는 사람만 좋아하지, 너처럼 싫어하는 사람은 진저리를 치지. 어디에 있든 어디에 가든 나는 제피만 있으면 신이 나고 정신이 맑아진다. 추어탕 집에 가서도 제피가루 양념 통을 훔치고 싶다. 제피 이야기만 나오면 큰소리가 나온다. "제피나무와 산초나무는 엄연히 다르다." "제피나무와 산초나무가 같은 나무라고 박박 우기는 걸 보면 이해가 안 간단 말이지." "야! 너, 촌에서 자란 사람 맞아?" "경상도에서는 제피, 강원도에서는 초피, 전라도에서는 산초라 했던가?" 제피와 산초의 구별하는 방법은 맛과 냄새로 단번에 알 수 있다. 제피는 맛과 냄새가 강하고 산초는 밋밋하다. 하하하, 제피가루를 추어탕에 넣고 제피 향에 푹 빠져보면 그 맛을 안다.

　우리 음식에 없어서는 안 될 전통 향신료 제피가루가 코끝을 톡, 하고 쏘면 입안이 얼얼하다. 옛날 왕들도 제피 향을 좋아했다. 후궁들이 있는 담장이나 벽에 제피 물을 발라 향기가 나게 할 정도였다. 옛 문헌을 보면 각종 요리에 심심치 않게 제피가 언급되어 있다. 1460년대에 쓰인 식이요법서 《식료찬요》에는 '초장'이라는 말이 나온다. 여기에서 '초'는 지금의 '고추'가 아닌 제피나무(초피나무) 열매나 열매를 가리킨다. 고추가 들어오기 전 우리 전통 김치에는 제피가 빠지지 않고 들어갔는데, 매운맛을 더하는 것은 물론 김치가 오래 쉬지 않게 할 뿐 아니라 특유의 향으로 젓갈의 쿰쿰한 내음을 없애주는 역할을 하였다.

　어머니가 살아 계실 적만 하더라도 제피가루를 넣은 김장김치를 담기도 했다. 제피는 고기 누린내나 생선 비린내를 없애는 효과도 탁월해 각종 물고기 요리에 들어가는 대표 향신료이다. 4~5월에 작고 푸른 열매를 맺는 제피는 10월이 되면 빨갛게 익는데, 그때 딴 제피를 볕에 잘 말려 갈색으로 변한 겉껍질을 곱게 갈아 사용한다. 씨만 따로 모아 말려서 기름을 짜 약용이나 식용으로도 사용하곤 한다. 꽃은 5~6월에 피고 단성화이며 황록색이다. 어린잎은 식용으로 덜 익은 푸른 제피 열매는 그대로 따 장아찌로 담가 즐기거나 장떡을 만들어 먹으면 별미이다.

　경상도나 강원도 지방에서는 집집이 제피나무를 한 그루씩 키우며 무더운 여름날 생선찌개를 끓일 때 어린잎을 따 넣고 끓이며 비린내가 없어진다. 나는 라면 끓이는데도 제피가루를 넣는다. 그러면 매운탕 맛이라서 좋다. 강원도뿐 아니라 경상도와 전라도, 황해도, 제주도 등 우리 향토 음식은 향긋한 제피 내음 풍기는 음식이 많다. 지금은 고추에 밀려 많은 이들에게 낯선 향신료가 돼버렸다.

 소문난 추어탕집이나 매운탕집에 가보면 제피가루가 방긋 나를 반긴다. "그만 넣어라! 독하다." "이 정도는 넣어야 맛이 나지" "사장님? 제피 맛이 정말 좋은데요." 경북 영양 산골에서 딴 제피라서 향이 진하고 싱싱한가? 하지만 내 고향 장숫골 제피 향에 비하면 어림도 없는 기라. 고향 집 바깥마당 모퉁이 돌아가면 제피나무 두 그루가 있었다. 지우천에서 잡아 온 꺽지, 빠가사리, 불미탁주, 메기 등 잡고기로 어탕을 끓이는 어머니 이마에는 알땀이 맺혀 있다. 긴 여름 하루가 서산에 기울고 우리는 평상에 둘러앉아 어탕을 맛있게 먹는다. 어탕에는 국수가 들어가야 제맛이 나지, "제피, 더 갖고 와라!" 제피만 생각하면 제피나무 그늘에서 어머니가 쭈그리고 앉아 빠끔 담배를 태우고 계신다.

   고향에 가면 / 까만 좁쌀 안에 어머니가 앉아계신다 /
   어머니는 새벽녘에 별을 까고 어둠을 잡고 하늘을 판다

/ 물동이 주둥이에서 빗물이 쏟아지고 / 찢어진 우산으로 흙밥을 짓고 계신다 / 여섯 손가락에 물릴 흙밥 칭얼대며 / 굴뚝에서 젖을 빨고 있다 / 허기진 굴뚝에서 소리가 난다 / 죄다 뜯기고 물린 생채기는 시리도록 따뜻한/당신의 세월이었다 / 한 줌 먼지로 머언 길 떠나던 날 / 어머니는 담배 연기 콧등을 타고 하늘을 훨훨 날았다 / 지금도 어머니는 앞마당 가느다란 귀퉁이에 쭈그리고 앉아 / 빠끔 담배를 태우고 계신다 / 톡, 하고 혓바늘 속에서 어머니의 입 냄새가 난다 / 냄새는 찌릿하게 심장을 훑어 올린다 / 고향에 가면 / 얼레빗 머리카락에서 어머니가 보글보글 걸어 나오신다 / 좁쌀 그림자 하나, 제피나무를 말고 있다 / 제피가루 한 톨 고향에 말아 넣고 있는 나는 / 고향을 털어내고 있다

-시(詩) '제피나무' 전문

오늘따라 어머니가 그립다. 까만 눈동자를 껌벅이며 자식새끼 걱정에 밤잠 설치며 오로지 농사일밖에 모르시던 당신, 하늘나라에서 잘 지내시는지요? 세월이 흘러도 제피 향의 그리움 한 타래, 나의 일편단심 민들레다.

사랑의 티타늄 반지

반지는 멋을 내거나 기념의 표시로 손가락에 끼우는 고리이다. 대표적인 것으로는 언약반지, 예물반지, 학교 졸업 반지 등 반지는 종류도 많고 가격도 천차만별이다. 결혼 예물로 나는 금반지를 받았고 아내에게는 다이아몬드 반지를 건넸다. 아내는 35년이 지난 지금도 결혼반지를 소중하게 보관하고 있다. 지금은 유행이 지난 투박한 반지가 되었지만, 그래도 가끔 꺼내 끼워보곤 한다. 나의 반지는 없어졌다. 군대 생활할 때 박봉이라 살림에 보냈는지, 분실했는지 기억이 잘 나지 않는다.

전역하고 사회에 첫발을 내디디고 서울에서 살 때였다. 저녁 무렵 잠깐 슈퍼에 간 사이 집안에 도둑이 들어 카메라, 시계, 목걸이 등 값나가는 것만 몽땅 훔쳐갔다. 그때 아내의 예물반지는 별도로 보관해서 도둑이 훔쳐 가지는 못했다. 애지중지했던 물건 중에는 어렵게 산 카메라와 사관학교 임관반지도 있었다.

그 후 결혼기념일이나 아내의 생일날에는 기념으로 반지나 목걸이를 선물하곤 했다. 나도 임관 반지를 다시 맞추고 무늬 없는 한 돈짜리 링을 주로 끼고 다녔다. 그런데 갑자기 티타늄 반지에 마음이 쏠렸다.

티타늄 반지 하면 아직은 좀 낯선 이름이다. 우리나라에서도 티타늄 반지를 만들어 주로 외국으로 수출한다는 소식을 이미 접한 터라, 이 반지에 관해 궁금증이 많았다. 티타늄은 금속 특성상 가공이 쉽지 않을 텐데 품질은 괜찮은지, 가격은 적정한지 확인하고 싶었다. 관련 회사 홈페이지에 접속하여 확인해 본 결과 다양한 티타늄 반지가 출시되고 있었다. 가격은 외국에서 제조한 티타늄 반지보다 비싸 보였다. 물론 여타 반지에 비하면 비싼 축에 드는 것도 아니지만, 티타늄에 골드나 다이아몬드 보석을 박은 반지는 꽤 비싸다. 티타늄에 착색까지 한 반지도 보였다.

이 정도라면 티타늄 다루는 기술이 대단하다고 본다. 티타늄은 영원한 영혼이 깃든 '꿈의 금속' '미래의 금속'으로 불리기도 한다. 티타늄은 가볍고 강하고 녹슬지 않는다. 여러 종류 티타늄 중에는 의료용 티타늄도 있다. 의료용 티타늄 ELI(Extra Low Interstitial)은 ASTM GR 23종으로 티타늄 합금 종류이다. 이 티타늄은 인공 치아, 인공 뼈 인공 심장 등 의료용으로 사용되는 인체에 해가 없는 금속이다.

이번 구매한 반지는 티타늄 ELI 소재로 제작한 반지이다. 반지

주문 시 주의사항이 있었다. 티타늄 반지는 다른 반지처럼 크기를 조절할 수 없으니 정확하게 반지 치수를 기록해달라는 것이었다. 주문한 반지가 도착했다. 표면은 광택이 나게 유광(High Polished Finish)을 원했고 세상에서 단 하나뿐인, 맞춤 반지, 티타늄 ELI에 '이니셜'도 한글 필기체로 새겨 넣었다. 마음에 쏙 든다.

이미 티타늄은 우리 생활 주변에 친숙하게 다가온, 낯설지 않은 금속이다. 우주항공 산업으로부터 스포츠레저산업, 생활 용구까지 활용도가 다양하다. 특히 안경테, 반지, 시계, 테니스 라켓, 건축용 자재, 휠체어 등이 있다. 티타늄 반지는 우리나라보다 외국에서 사랑받아 왔다. 개성이 강한 금속 티타늄은 그 어떤 귀금속 못지않은 개성이 있는 보석이다. 티타늄은 일반적으로 짙은 회색을 띠며 백금보다는 약간 어두운 색상이며 은은함과 단아함이 묻어 나온다.

티타늄과 함께해온 지 많은 세월이 지났다. 처음 티타늄과 인연을 맺고 일을 시작할 때는 티타늄이 무척 낯설었다. 티타늄 자체를 모르는 사람이 태반이었지만, 지금은 티타늄 하면 누구나 다 관심을 나타낸다. 나는 티타늄을 좋아하고 사랑한다. 그래서 내 몸에 걸치고 있는 안경테, 시계, 반지는 티타늄 소재로 만들어진 것들이다. 티타늄과 오랫동안 함께하고 싶다.

사랑의 충고

한 통의 전화를 받고 고민이 생겼다. 결혼 축시를 낭송했으면 좋겠다는 사관학교 동기생의 부탁이 있었다. 거참, 지금까지 축시를 재능 기부한 적은 몇 번 있었지만, 직접 낭송한 적은 한 번도 없었다. 참 고민된다. 부탁을 거절할 수 없었다. 일단 결혼 축시로 어떤 내용을 담아야 좋을지 장고에 들어갔다.

우선 신랑 신부의 이름과 나이, 하는 일을 물었다. 직업은 법조인 길을 걷는다고 했다. 이런 요소들은 시적 화자의 요구사항이기도 하다. 그 외에는 어떤 것도 모른다. 그의 아버지가 사관학교 동기생 겸 대학교수로서 사회 저명인사 정도다. 주례는 S대학 총장이 한다고 했다. 결혼식 장소는 호텔이었다.

호흡을 가다듬고 축시를 창작하기 시작했다. 그렇게 태어난 축시가 '사랑의 충고'이다. 즐겁게 독립 선언하는 젊은이에게 하지 마라! 하라 등 충고를 하는 것이 좋은지를 고민해봤다. 썩 좋은 것은 아니지만, 그렇다고 나쁠 것도 없다는 결론에 도달했다. 제목은 단호하지만, 내용은 인생 첫출발하는 신랑 신부에게 신선함을 던져주는 시적 화자의 충언이었으면 좋겠다.

사랑의 충고
_결혼 祝詩

너와 나의 만남에 대하여
우리 사랑은 지금 시작이야
인생 인생길 가더라도
이제 우리 스스로 일어서고 일어나
사랑을 꽃피울 거야
사랑은 행동과 양심으로 실천하는 거
결혼은 사랑의 입맞춤, 둘이서 하나 되는 거
어디에 있든 어디에 가든
밉다, 곱다는 마음으로 서로를 가꾸는 거
잊지 않을 거야
사랑은 천칭(天秤)에 달아서도 안 되고
사랑초를 꺾어서도 안 되는 거
잊지 않을 거야
사랑은 배꼽 같은

내 뿌리를 결코 잊지 않는 거
사랑해요 고마워요

오늘같이 좋은 날
여러분, 우리 결혼해요

사랑으로 맺어진
곱디고운 혜진 새색시야
넓디넓은 태희 새신랑아
고개를 들어보렴
햇살이 눈부시고 새들이 노래하는
꽃길 따라 당당하게 걸어가거라
사랑의 선물 안고서
행복하여라

오늘같이 좋은 날
여러분, 우리 결혼했어요
2014. 10. 1.

사랑이란 과연 무엇일까? 참 어려운 질문이다. 사랑의 대상은 다의적이다. 희생을 강요하는 사랑, 무조건 주는 사랑, 실천적 사랑, 이루어질 수 없는 사랑 등 이름만 붙이면 모든 것이 사랑이다. 세상 전부가 사랑뿐이다. 온갖 사랑이 넘쳐나는데도 세상은 삭막하다. 사랑의 모순? 사랑 부족? 사랑 탓을 외부로 돌리는 것도 사랑을 함부로 버리는 행위이다. 그래서 내가 정의한 "사랑이란 나를 버리지 않는 거다." 나를 버리면 나는 물론, 이웃을 사랑할 수도 없다. 그래서 이제는 완전한 사랑은 말하지 말자. 그냥 작은 사랑만 이야기하자. 단정적으로 "사랑은 내 주변 내 가까운 곳에 있는 것, 사랑은 마음을 벼리는 것"이라고만 고집하지 않겠다. 사랑이란 행동과 양심으로 자기 자신을 실천하는 거, 사랑은 동의와 감동이 필요한 거, 사랑은 말로는 쉽지만 실천하기란 어려운 거, 사랑은 행동과 양심으로 자기 자신을 실천하는 거. 사랑을 자기 존재의 실현이라 가정하면 사랑은 감정의 표출이 이성의 표출보다 앞서지만, 이것 또한, 사랑이다. 하지만 우리의 앞에 '실천적'이라 말하는 것은 조건 반사만이 아니다. 따라서 우리는 사랑에 대해서 이성적 담론을 벌일 수 있다.

 이상 사이의 거리를 메우고자 작은 데서부터 사랑을 실천한다면 진정한 사랑의 실천이 가능하다. 우리 사회에서 자기 자신보다 이웃을 먼저 생각하고 희생하는 것은 진정한 사랑의 형태이지만 이를 현실적으로 실천하기는 매우 어렵다. 사랑은 추상적이고 관념적인 이상이므로 이를 구체적인 현실 속에서 실천하는 데는 많은 어려움이 따른다.

　사랑의 실천은 이상적인 사랑의 모습의 완결판이다. 실천적 사랑의 실현, 사랑이란 말을 수없이 듣고 강요당하면서 살고 있다. 결혼에도 조건이 있고 희생에도 조건이 있다. 우리 주변이나 자신이 쉽게 경험 혹은 체험하는 대상에는 실천적 사랑이 절실히 요구된다. 그렇지만 머릿속에만 그리는 공상적 사랑으로 흐르기가 일쑤다. 현대인에 있어서 물질문명에 눈이 멀어 말로만 하는 사랑으로 진정한 사랑이 결핍되어 있다. 사랑도 행복처럼 가까운 곳에서 작은 것에서부터 찾을 수 있다. 그렇다고 현대인들이 사랑을 소중하게 여기지 않는다는 것은 아니다.

　현대인들은 사랑을 갈망하고 있다. 진정한 사랑은 어떠한 조건이 없는 행위이다. 사랑의 대상은 무한대이다. 사랑은 기술인가? 그렇다면, 사랑에도 지식과 노력이 필요하다. 아니면 사랑은 우연히 경험하게 되는, 다시 말해 운만 닿으면 빠져들게 되는 즐거운 감정인가? 어설픈 사랑은 달콤하지만, 위험이 따른다. 하지만 사랑의 오류로 곳곳에 많은 부작용으로 멍들고 있는 것도 부인할 수 없는 실정이다. 진정한 사랑이 어떤 것인지를 깨달아 자신은 물론 상대방에게 아니면 어떤 대상에게(대상에) 상호 공존하는 사랑이 되어야겠다.

영화, 히말라야 자국눈에 밟히다

　그래도 세상에서 믿을 만한 것은 무엇이 있을까? 크리스마스 전날 밤부터 서울·경기지역에 눈이 조금 내릴 거라는 일기예보가 있었다. 히말라야가 온통 은빛 세상이다. 산쟁이들은 산을 정복한다는 말은 하지 않는다는, 단지 산에 머무르다 내려올 뿐이라는, 산에서 죽어 산이 된 사람들 영혼이 자국눈 발자국에 밟힌다. "기다려…. 우리가 꼭 데리러 갈게 기다려…."
　인간의 접근이 허락하지 않은 신의 영역 해발 8,750m 히말라야(The Himalaya) 에베레스트 데스존 그곳에 우리 동료가 묻혀 있다. 히말라야에서 내려오지 못하고 산이 된 후배 산쟁이 박무택(정우) 시신을 찾기 위해 아무 보상도 없이 그 누구도 시도하지 않았던 그 위대한 도전은 보는 이들로 눈물 나게 한다. 인간은 자연의 위대함에 운명적으로 순종한다. 오고 가는 것은 인간이 마음대로 할 수 없는 우주와 자연의 영역이다.

히말라야는 '눈이 사는 집' '세상의 지붕'이라고 표현하기도 한다. 히말라야산맥에는 고도가 해발 8천 미터가 넘은 봉우리가 열네 곳이 있다. 바로 14좌이다. 14좌 중 가장 높은 봉우리가 8,848m '에베레스트'이다. 이 봉우리는 티베트어로 더 잘 알려진 '초모랑마'이다. '세계 어머니의 여신'인 초모랑마는 얼마나 위대했으면 '하늘의 이마'라 했겠는가? 세계에서 가장 높은 봉우리 초모랑마는 산쟁이들의 어머니시다!

인류 최초로 초모랑마에 도전한 사람은 1924년 영국의 '조지 맬러리'와 '앤드루 어진'이었다. 그들이 정상에 올랐는지는 확인되지 않았다. 그들은 정상을 200여 미터 남긴 곳에서 목격되었으나 결국 사망으로 판명됐다. 초모랑마에 최초로 등정한 사람은 1953년 6월 29일 영국의 에드먼드 힐러리와 '세르파 텐징'이다. 이 역사적인 사진을 찍은 사람은 텐징이고 1977년 9월 5일 고상돈이 한국인으로는 최초로 등정에 성공했다. 이로써 한국은 여덟 번째 초모랑마 등정국이 되었다.

많은 산쟁이가 초모랑마를 등정했지만, 정상을 밟지 못하고 산이 된 사람이 많았다. 그 가운데 한국인도 있었다. 2004년 5월 계명대학교 개교 50주년 기념 에베레스트 등반대가 초모랑마 등정에 나섰다가 등반대장 박무택과 후배 장민은 5월 18일에 초모랑마 정상을 밟고 하산하던 중 100m쯤 내려오다가 기상악화로 조난됐다. 설맹으로 길을 찾을 수 없던 박무택을 부축하다 탈진한 장민을 먼저 내려보내고 자신은 비박하기로 작정했다.

저녁 7시경 등반대 부대장인 박무택과 절친한 선배 백준호는 캠프 5에 있다가 이 소식을 듣고 구조에 나섰다. 함께 나섰던 셰르파 2명은 생명에 위협을 느끼고 밤 10시경 하산하고 백준호는 포기하지 않고 올라가 다음날 오후 3시경 박무택을 찾았다는 무선을 보냈다. "무택이가 밤새 무산소에 노출돼 손과 코에 동상이 심합니다. 나도 체력이 많이 떨어져 구조가 어렵습니다." 그리고 소식이 끊겼다. 박무택은 20일 8,750m 지점에서 숨진 채 발견되었다. 실종됐던 백준호과 장민은 그 후 중국 등반대에 의해 8,450m 지점에서 숨진 채로 발견됐다.

엄홍길(황정민) 대장은 16좌 중 열다섯 번째 봉우리 등정에 성공한 직후에 박무택의 사고소식을 듣는다. 엄홍길은 박무택의 시신을 가족의 품으로 돌려보내야 한다는 일념으로 시신 수습을 위한 등반대를 결성하기 시작했다. 세계의 등반 역사상 유례없는 일이다. 8천 미터 이상에서 시신 수습을 위한 원정이라니 이 원정대가 바로 휴먼원정대다. 이 원정대는 조난된 동료를 구조하거나 시신을 수습하기 위해 목숨을 건다. 그런데 해발 8천 미터가 넘는 곳에서 조난자를 구조하는 것은 너무 위험한 일이며 목숨을 보장받지 못한다. 조난된 동료를 구하러 나선 사람은 결국 모두 죽었다. 또한, 실종된 등반가의 시신을 수습하는 일은 너무 힘들어서 시도되지 않는다. 하지만 목숨을 걸고 동료를 구조하러 나선 사람이 있었다.

휴먼원정대는 4월 초 초모랑마 베이스캠프에 도착했지만, 기상악화로 일정이 계속 늦어졌다. 8,300미터 지점의 임시 캠프까지 올랐다가 내려오기를 수차례 반복하면서 모두 지쳤다. 시신 수습할 시간은 그리 많지 않았다. 드디어 5월 29일 5시간의 강행군 끝에 박무택 시신을 찾았다. 시신을 얼음에서 떼어내는 데만 3시간이 훨씬 더 걸렸다. 시신의 무게도 꽤 무거웠다. 시신을 100m 내려오는 데 2시간이 걸렸다. 계획대로 시신을 베이스캠프까지 운반할 수 없었다. 이를 강행하면 등반대가 모두 위험한 상황이었다. 결국, 박무택의 시신을 절박 위에 돌무덤을 만들어 매장한다. 한 사람의 시신을 수습하기 위하여 휴먼원정대는 오십여 일간 히말라야에서 사투를 벌여야 했단 말인가, 일반인 사고로는 도저히 이해할 수 없는 짓이다.

위험이나 곤경에 처했을 때 누구나 말로는 할 수 있지만, 행동으로 실천하기란 쉽지 않다. 휴먼원정대는 무모한 짓이지만 살아있는 사람도 아닌 죽은 동료 시신을 수습하러 먼 길을 다녀왔다. 진정한 산쟁이들의 죽음과도 맞바꿀 수 있다는 의리와 믿음에 100도의 전율을 느낀다. 산 사람과 죽은 사람에 대한 예의이랄까? 아니면 삶과 죽음에 대한 도리이랄까?

엄홍길 대장은 최고봉인 에베레스트(848m)를 비롯해 케이

투, 카첸중가, 로체, 마칼루, 초오유, 다울라기리, 마나슬루, 낭가파르바트, 안나푸르나, 가셔브룸 1봉, 브로드피크, 시샤팡마 1봉, 가셔브룸 2봉 등이 14좌이고와 로체샤르와 알룽캉을 더해 16좌 완등을 하기까지 22년이 걸렸다. 수많은 실패를 겪고 수없이 많은 죽음의 고비를 넘기기도 했다. 그가 남긴 산에 대한 경외감은 모든 사람에게 감동이다. 인간은 자연 앞에서는 하잘 것없는 존재이지만, 생사를 뛰어넘는 사랑과 의리가 없으면 산을 오를 아무런 가치가 없다는, "산이 인간에게 잠시 정상을 허락하는 것"이지 정복은 아니라는 그는 산을 품고 살아가는 진정한 산쟁이였다. 영원한 산쟁이는 영영 산에서 내려오지 못하고 사람이 산이 된 영혼이 아닐는지, 히말라야는 실화를 바탕으로 제작한 영화이지만 '영화'라는 것을 염두에 두고 관람한다면 다른 그 어떤 것도 이해할 수 있다. 관객을 의식한 약간의 미화가 있다 하더라도 감동적인 영화이다.

약속

약속은 정확해야 한다. 약속은 신뢰를 담보한 계약이요, 현재와 미래를 보장받는 적금이다. 약속은 얼굴이며 인격이며 양심이다. 이렇게 소중하고 귀중한 약속을 밥 먹듯이 어기겠습니까? 약속을 한두 번 지키지 못함으로써 우정에 금이 가고 사랑에 상처를 입고 서로 토라진다면 어떻게 하시겠습니까?

약속이 우리 사회의 신뢰 관계란 것을 모르는 사람은 없을 것이다. 만약 모른다면 그 사람은 약속을 잘 어기는 사람이다. 약속은 몰라서 지키지 못하는 것보다는 알면서도 가벼이 생각해서 못 지킨다. 이런 사람은 약속의 소중함을 깨닫지 못한다. 약속의 소중함을 모르는 사람은 양심 불량일 확률이 높다. 약속에는 경중이 따로 있을 수 없고 어떠한 이유나 변명도 있을 수 없다. 반드시 지켜야 한다. 그래서 약속은 함부로 해서도 안 되고 한 번 한 약속은 하늘이 두 쪽 나도 지켜져야 한다. 이것이 약속에 대한 내 지론이다.

약속이란 낱말은 반드시 지키기 위해서 세상에 태어난 융통성 없는 단어이다. 약속은 어기면 거짓말쟁이가 되고 만다. 거짓말쟁이가 되면 어디에 있든 어디에 가든 외면당하고 환영받지 못한다. 약속을 사소한 것쯤으로만 알고 있다면 엄청나게 잘못된 생각이다. 약속을 어기고도 대수롭지 않은 듯 사과 한마디 없는 뻔뻔한 사람을 볼 때면 그 사람 얼굴을 다시 한 번 쳐다보게 된다. 낯가죽의 두께가 대략 5mm쯤 되는 철판 두께 같다. 이쯤 되면 웬만한 양심의 가책을 느끼지 못한다. 약속을 부득이하게 어겼을 때는 미안하게 생각하고 얼굴이 빨개지면 그 사람은 다음번 약속은 지킬 확률이 매우 높다. 나는 약속을 지키지 않는 사람은 절대로 신뢰하지 않는다.

약속을 잘 지키고 정성을 다하는 사람은 한두 번 약속을 해보면 안다. 상거래를 하다 보면 물품 대금에 대한 약속이 가장 중요하다. 약속을 잘 지키는 회사와 사람, 약속을 잘 지키지 않는 회사와 사람으로 구분한다. 약속을 잘 지키지 않는 회사와의 상거래는 그리 오래가지 못하고 단명할 수밖에 없다.

나는 결제에 대해서는 어느 정도 융통성을 가지고 대응한다. 내자로 거래하든 오퍼로 거래하든 상관없다. 첫 거래일 때는 특별하지 않으면 선 송금 조건 아니면 일정 비율로 계약금을 받고 물건이 선적했다는 통보를 하면 잔액을 입금할 수 있도록 요구

한다. 점점 신용이 쌓이면 그때는 비로소 납품 후 7일 이내 송금 조건을 건다. 내가 가장 좋아하는 회사는 입금 후 송금했다고 친절하게 통보해주는 회사이다. 나도 금전에 관해서는 철저하게 약속을 잘 지키는 편이다. 대금 결제 후 반드시 송금했다고, 입금됐다고, 상대에게 알려준다.

  장흥조각공원에서 찍은 굳게 악수하는 이미지 사진인데 아마 십오 년은 더 되었을 성싶다. 이 사진을 보노라면 그 약속이 불현듯 떠오른다. 약속은 과거를 제외된 현재와 미래의 정분 관계이다. 지금까지는 약속을 잘 못 지킨 사람도 본인의 노력과 의지에 따라 약속을 잘 지키고 신뢰받는 사람이 될 수 있다. 금전이나 명예나 지식으로 살 수 없는 약속은 잘 지키지 않는다고 구속되지는 않는다. 하지만 약속을 어기면 죄인이 된다. 약속을 어긴 죄인은 신뢰할 수 없는 사람이다. 신뢰할 수 없는 사람은 함께할 수 없다.

남자의 갱년기

    도봉산에 가면 '여성봉' 어머니가 실오라기 하나 걸치지 않고 한데 누워 계신다. 짓궂은 발걸음이 아니기를 빌었다. 함부로 나의 어머니를 대하지 마라, 낄낄대는 저 딸년 같은, 저 아들놈 같은 인간들아! 나는 너희 어머니다. 한밤중에 뒤척이다가 창문 밖을 어슬렁어슬렁 내다봤다. 지붕 위에 걸린 달빛이 처연하다. 어머니의 눈썹 닮은 달그림자가 소리 없이 내려앉고 있었으니 어머니가 붉다.

    오늘은 그녀의 월수(月收) 찍는 날 구름에 가린 달빛 때문에 우물이 컴컴하다 달이 차면 기우느니, 우물은 우울증에 어지럽다 그녀의 첫 월수 날은 선홍빛 어린 봄날 동백꽃 초경처럼 덜컹 겁나서 서럽게 울었고 수줍던 가슴엔 여린 꽃망울이 피었다가 지금은 탱탱하게 여문 늦은 가을밤 겨울이 걱정되어 또 서럽게 울었다 월동준비에 허리가 아프고 아랫배가 아파 사랑이 아파온다, 성숙하게 우물 안에 달은 기억의 샘이다 밝은 동굴이다 동굴을 왕래하는 바람 소리는 지아비가 찾고 있는 두레박 숨소리이다 찰랑찰랑 보름달이 기울고 달거리 유효기간이 끝났다 싶더니 우물단지에 연꽃처럼 가섭의 미소를 지어 보이는 것이다 자연의 일부인 그녀의 월수는 이젠, 초승달을 찍고 시각처럼 흘러가는 그믐달 나룻배 같은 동백꽃 월삭(越朔)이다.

-시(詩) '달거리' 전문

  나는 어머니를 위해 '달거리'를 노래하며 당신을 경배하였다. 한 달이 지나가고 또 한 달이 돌아와 달거리는 또 시작인가 보다. 당신의 이 나이에 난소 주기가 일기예보처럼 정확하다니 놀랍다. 여자의 평균 초경 나이는 13세 전후다. 사춘기는 초경 연령보다 1년 앞선 12세이며 대부분 여자는 사춘기로부터 약 3~40년의 가임기간 동안 대략 400번의 달거리를 하고 나면 난소 기능이 약화하여 40세부터는 임신능력이 급격히 떨어져 50세 전후로 폐경을 맞게 된다.

  폐경의 정의는 갱년기(change of Life)에 발생하는 마지막 월경주기를 의미한다. 갱년기 증상에는 얼굴에 홍조 현상, 질의 건조, 골다공증과 같은 신체적 변화와 우울증, 현기증, 허탈감, 불면증, 신경과민 따위의 심리적 현상이 있다. 폐경 이후 10년에 걸쳐 음부에 많은 변화가 일어나기도 한다. 우선 불두덩의 거웃이 듬성듬성 빠지고 음순이 얇아져서 탄력이 떨어지고 클리토리스가 더욱 노출되어 상대적으로 더 커 보이지만, 실제의 크기는 줄어든다. 질은 갈수록 짧아지고 좁아져서 성적 자극에도 분비물 생산이 저하된다. 이런 현상은 폐경 뒤에 오랫동안 성관계를 피한 여성에게도 흔히 발생한다. 요즈음은 폐경 대신 '완경'으로 부르자는 운동이 전개되고 있다. 완경, 멋지다.

특이한 것은 여자들은 할머니가 되어서도 폐경전과 다름없이 성욕이 크게 감퇴하지 않으며 오르가슴에 도달할 수 있다는 사실이다. 갱년기의 여러 질환 중에서 가장 심각한 것은 골다공증이다. 뼛속에 작은 구멍들이 생겨 뼈가 푸석푸석해지는 병이다. 골다공증을 예방하려면 적절한 칼슘이든 음식물 섭취와 등산, 에어로빅, 걷기와 같이 체중을 실어주는 운동을 하면 예방이 가능하다. 하지만, 대부분 노화 현상은 자연현상이기에 감히 그 누구라도 거스를 수 없다. 갱년기는 여성에게만 있는 것이 아니라 남성에게도 있다는 것이다. 40대 후반이면 여성만큼 급격한 호르몬 손실은 없지만, 일반적으로 절반가량이 지속해서 줄어들어 남성 갱년기(Andropause)가 시작된다. 남성 갱년기 증상은 매사에 소극적이고 자신감을 잃고 성기능이 저하되고 성교 횟수의 감소는 물론 매력적인 여성을 보아도 성적 흥분이 생기지 않는다. 근육이 위축되어 근력이 떨어지고 체지방이 증가하며 사지는 마르고 복부에 살이 찐다. 기억력과 집중력이 감소하며 피로가 쉽게 온다. 골다공증이 생겨 골절되기 쉽다. 특히 골반 골절에 따른 사망률이 여성보다 3배나 높다 하니 남성들이여! 조심하시라.

"남자의 갱년기는 더럽다 아랫배가 아파오는 것도, 허리가 아파오는 것도, 젖멍울이 아파오는 것도 아닌데도 그 무언가 있다. 갱년기 인사법의 각도가 샐쭉하다 고개 숙인 그 남자, 딱해서 어떡하나 독사 같은 마누라의 메밀눈만 반짝인다. 아랫도리 힘 빠질 때만 기다렸다던 벼르고 벼른 화상들, 생게망게하다 사방 군데 숭숭 뚫렸다 소심한 의식을 거부한 채 탱탱했던 청춘은 오그라들고 욕망은 수양버들처럼 흔들거린다. 허나, 마음 너머 하해와 같은 성은에 고개 숙인 숙성한 무의식은 거부한다. 새로움의 힘 세워보지만 기둥은 수평이다 머리카락에 내려앉은 세월의 반란 같은 깜빡이는 서글픈 불빛은 사랑의 윙크요 이명 소리는 성숙함의 눈칫밥이다
남자의 갱년기는 더럽다 아랫배가 아파오는 것도, 허리가 아파오는 것도, 젖멍울이 아파오는 것도 아닌데도 그

무언가 있다"

-시(詩) '남자의 갱년기' 전문

　요즈음 나는 갱년기가 틀림없다. 늘 피로하고 불면증에 시달리기도 한다. 기억력이 스멀스멀 사라지고 까마귀 고기를 즐겨 먹는다. 정신력도 무기력하다. 오늘 아침에도 까마귀 살코기 한 점 먹었다. 까마귀 고기 맛은 까먹는 맛에 먹어야 제맛이 난다. 까마귀 날갯죽지를 뜯으며 1층까지 내려갔다가 도로 17층을 올라왔다. 까마귀 고기 맛에 정신이 팔려 휴대전화기뿐만이 아니라 내 눈알까지 두고 온 것이다.

멋쟁이 장모님

여태껏 송년회는 연례행사처럼 처가에서 해왔다. 각자 좋아하는 음식을 한 가지씩 준비하여 즐기면서 한 해를 보내곤 했다. 그런데 작년부터 이 행사가 취소되고 새해 정월에 가족이 다 함께 여행 가는 것으로 의견을 모았다. 모임 장소가 남쪽 포항 근처 바닷가 펜션에서 일박 묶고 귀경하는 일정이다. 우리만 빼고 모두 찬성이다. 하지만 그쪽은 거리와 비용 그리고 여행 목적에 부합하는지를 꼼꼼히 살펴봤다. 우선 거리가 너무 먼 것이 걸렸다. 목적지까지는 평균 5시간 정도는 걸린다. 차량 4대가 목적지까지 가려면 신경 꽤 쓰이는 여정이기에 신중한 재검토가 필요했다. 장모님은 여든여섯 연세에도 불구, 거리에 상관없다며 셋째도 찬성하기를 은근히 바라는 눈치셨다.

여행은 즐거워야 한다. 만에 하나라도 여행길에 불미스러운 일이 일어난다거나 교통체증이 심해 피로감이 쌓여 스트레스를 받는다면 그 여행은 즐거운 여행이 될 수 없다. 그래서 여행지를 변경하면 어떨까, 의견을 제시했다. 여행지는 2시간 이내에 위치하고 가족이 오롯하게 보낼 수 있는 전망 좋은 곳을 찾다 보니 경기도 화성 제부도 인근 조용한 펜션이 적격이다.

처가 쪽으로 이렇게 한자리에 모여 여행 가는 것은 드문 일이다. 이번 여행에는 열세 명 참석에 세 명이 빠졌다. 빠진 사람은 조카 2명과 아들이다. 한 명은 새로 문을 연 가게 때문에 참석할 수 없었고 다른 한 명은 회사 일로 휴일인데도 회사에 나가 봐야 했고, 아들은 영화 시사회 일정상 참석이 어려웠다.

장모님은 아들, 딸 며느리 사위, 손자 손녀를 모두 데리고 좋은 곳에 가서 맛있는 것 먹으면서 서로 즐거워하고 정감 넘치는 모습을 보고 싶은 게다. 여행 경비는 전액 장모님이 부담하신다고 선언한 터라 누구 한 사람 다른 의견 제시는 없었다. 장모님은 사리판단이 정확하신 분이고 사소한 정에 휘둘리지 않으시는 분이다. 여행을 좋아하시고 사우나를 좋아하시고 책 읽기를 좋아하시고 자식들에게 사랑을 베풀어주신다. 독서량은 웬만한 사람 능가한다. 이런 장모님을 가까이 두고 있는 나는 행복한 사위임에 틀림이 없다. 언젠가? 나는 장모님을 위한 시 두 편을 지은 적이 있다. 한 편은 팔순잔치 때 시심을 액자에 담아 선물한 것이고 또 한 편은 아직 발표하지 않은 시이다.

뷔페 접시에 세월이 수북하다 / 식솔들은 참 좋겠다 / 아름다운 꽃, 산수연꽃* 피어서 / 오늘따라 나라님이 부럽지 않네 / 화들짝 핀 산수연꽃 머금고 있는 식솔들 / 웃음꽃 찬란하고 / 등 굽은 꽃대에 세월이 그렁그렁하다 / 음력 유월의 산수연꽃 / 세월에 굴하지 않고 꿋꿋이 버티더니 / 티 없이 깨끗하게 연꽃으로 피어나다 / 당신은 아름다운 칠월의 꽃 / 염화미소로 답하며 / 한여름 서리꽃 송골송골 맺혀있다 / 우리 장모님, 작은 품 너른 가슴 / 오 남매를 품어 안고 든든한 울타리로 세상에 우뚝 서셨네 / 언제나 바른길로 외롭지는 않은지 / 휴대전화기는 부재중, 아무런 말이 없네 / 그래도 세상을 탓하지 않은 세월 / 이젠 우리가 당신을 보듬어드려야지, / 뷔페 접시에 세월이 수북하다 / 식솔들은 참 좋겠다 / 아름다운 꽃, 산수연꽃 피어서

-시(詩) '산수연꽃(傘壽宴花) 피어서' 전문

어쩌면 그리도 고우실까 / 어쩌면 그리도 예쁘실까 / 여든셋 될 때까지 돋보기 끼고 / 책 끼고 세월 넘기시는 /'마하반야바라밀다심경'은 물론이요 / 수필집, 시집, 손녀의 석사논문까지 넘기시는 / 아무튼, 대단하신 할머니야 / 할머니 방에 들면 책 냄새가 난다 / 농익은 책

> 냄새가 돋보기에 배어 / 세월이 수북하다 / 책 읽는 돋보기, 삶에 대한 고마움인가 / 젊은이들조차 민망한데 / 눈까풀이 초롱초롱한 할머니의 심기는 / 행복하다/책 읽는 할머니 책갈피엔 돋보기 안경이 휜하다 /'책 읽읍시다'란 독백 같은 아우성이 곳간에 / 지혜 같은 양식을 쌓아두는 것이다 / 숨어 보이는 세상, 백내장을 제거하고 / 더듬더듬 오롯하게 책장을 넘기시는 / 돋보기 너머로 나를 의지한 채 / 책 읽는 할머니, 고우시다
>
> —시(詩) '책 읽는 할머니' 전문

이번 여행은 비록 짧았지만, 의미가 있고 소중한 시간이었다. 장모님이 즐거워하시는 여행에 동참해서 우애를 다지고 먹고 싶었던 음식 맛있게 잘 먹고 잘 놀다가 왔다. 오늘 길에 오이도에 들러 푸짐한 횟감을 놓고 점심으로 마무리하고 우리는 다음을 기약하며 각자 헤어졌다. 장모님은 내년에도 좋은 곳으로 가족 여행을 떠나자며 언질을 주셨다. 이번 여행에서 느낀 것은 가족의 소중함이다. 온 가족이 왁자지껄 함께 즐거운 지낸다는 것은 크나큰 즐거움이며 삶의 행복이다. 앞으로도 장모님이 건강하시어 우리와 늘 함께했으면 좋겠다.

낮거리

　우리말 사전에는 재미있는 말이 참 많다. 그중 '낮거리'는 성(性) 풍속을 나타내는 대표적인 말이다. 우리말 풀이 사전에 낮거리는 낮에 하는 성교(性交)라고 설명하고 있다. 일반적으로 남녀의 사랑 행각은 밤에 하는 것으로 그 습관이 굳어졌다. 그래서 굳이 사랑 행각이 아니더라도 외박하는 그 날은 부부싸움이 일어나기 일쑤다. 바람피워 밤일하기 위해 외박했다는 것이다. 외박은 여자는 물론 남자에게도 무서운 행동이다. 외박했다고 다 바람피우는 것도 아닌데도 외박이란 말만 나오면 부정적이다.
　주택 형편이 넉넉하지 못했던 옛날에는 방 한 칸에서 자식들, 심지어는 노부모와 함께 사는 부부가 많았다. 그러다 보니 밤에 부부가 밤일하기가 엔간히 불편했으리라. 그래서 낮에 다른 식구들이 없는 틈을 타 집에서 혹은 깊은 숲 속에서 낮거리로 사랑을 나누기도 했다. 그러고 보면 낮거리는 가난한 부부들의 애환이 서려 있는 사랑이었음을 알 수 있다.

　내 기억으로는 아마 여섯 살쯤 같다. 큰 방에는 할머니와 누나들과 동생이 자고 아래채에서는 형님이 별도로 자고 작은 방에서는 어머니와 아버지 그리고 내가 잤다. 겨울밤은 깊어만 갔고 인기척 소리에 잠을 깨고 보니 아버지가 어머니를 마구 때리는 것 같고 어머니는 작은 신음을 내며 고통스러워하는 것 같았다. 나는 겁에 질려 소리 내어 울지도 못하고 이불 속에서 아버지가 어머니를 때리지 않기만을 빌었다.

　그 후 나는 잠이 들고 아침이 되었다. 눈을 뜨고 일어나 보니 아버지는 쇠죽을 끓이고 어머니는 부엌에서 아침밥을 짓고 계신다. 간밤에 분명히 두 분이 싸우고 어머니가 많이 맞아 병원에 간 줄로만 알았는데 멀쩡했다. 멀쩡한 어머니를 보고 그때야 나는 비로소 안심했다. 그때 일을 지금도 기억하고 있다. 그것이 밤일이란 것을 사춘기 때 알게 되었다.

　시대가 바뀐 오늘날에는 직업상 야간 근무로 부부가 밤일할 수 없는 사람들은 낮거리를 할 수밖에 없다. 또한, 낮거리는 긴장감 넘치는 옛날 우리 부모들 같은 사랑은 아니다. 요즈음 바람 잘 피우는 사람은 외박하지 않고 바람피우는 사람이라 한다.

　우리 회사가 있는 빌딩 뒤쪽에는 여관들이 즐비하다. 점심 먹으러 모텔 골목을 지나치다 보면 재미있는 풍경을 목격한다. 젊은 남녀, 중년 남녀, 심지어 노년 남녀까지 여관으로 들어가고 나오는 모습을 자주 본다. 그들이 벌건 대낮에 모텔로 오가는 것은 낮거리 때문일 것이다. 물론 개중에는 부부들도 있을 거라 본다. 이제 낮거리는 흔하게 볼 수 있는 사랑의 현대판 풍속도이다.

나를 반성하고 성찰하는 수련방법

다시 한 해가 시작되었다. 지난해를 차분하게 돌아본다. 하루하루가 고맙다. 새해가 밝았으니 다시 시작해봐야 한다. 해가 바뀌어도 네게로 가까이 있는, 이럴 때는 책 한 권 읽는 것도 고독을 달래는 보약이니라. 무슨 사연이길래? 한 번도 소리 내어 울지 못한 그대였을까? 지금 내가 두 번 더 읽고 있는 이 책은 존 폭스의 '시(詩) 치료'에 관한 에세이집이다. 시가 삶과 인생에 미치는 영향은 주관적이겠지만, 긍정적인 반향을 불러오는 것임이 확실해 보인다. 헤르만 헤세는 "시는 원래 솔직하고 생명을 가진 영혼이 자신을 스스로 보호하고 감정과 경험을 깨닫기 위해 표출하는 방출, 외침, 울부짖음, 한숨, 몸짓 반응이다. 시의 이러한 자연 발생적이면서 중요한 작용 때문에 시를 함부로 판단할 수도 없고, 시는 시인 그 자신에게 말을 건넨다. 그것은 그의 울부짖음, 그의 절규, 그의 꿈, 그의 내지르는 주먹이다."라고 했다.

  시인으로 산다는 것은 즐거운 일이지만, 다른 한편으로는 즐겁지만은 않다. 시인이란 이름 때문에 시인이 욕먹고 시가 욕먹기 때문이다. 독자에게 욕먹고 시인에게 욕먹고 시에 욕먹기 위해 태어난 나다. 시인이 시를 욕하고 시인이 시인을 욕하고 그래서 시인은 동네북인지 모른다. 그래도 어쩌겠나? 시가 좋은 걸. 시도 시인도 때로는 방황하며 우울증에도 걸리는 거다.

  내가 시를 처음 접할 때부터 나는 시인이 되겠다는 생각은 없었다. 가끔 좋은 시를 읽고 난 후부터 나도 멋진 시 한 편 지어 봤으면 하는 생각이 가슴 한쪽에 자리 잡고 있었을 뿐, 시인은 아무나 될 수 없다고 생각했기 때문이다. 시인은 문학 공부도 많이 해야 하고 문학에 대한 소질과 자질을 갖추어야 만이 시인이 될 수 있다는 강박관념에 사로잡혀 시인의 꿈은 있었지만, 용기가 없어 그 꿈을 접고 말았다. 내가 꿈꾸는 꿈은 사라졌어도 다시 그 꿈을 꿀 기회가 내게로 다시 찾아와 천만다행이었다. 꿈이란 게 꾸다 보면 생각지도 않던 백일몽처럼 사라지기도 한다.

  시는 어느 날 예고 없이 내게로 왔다. 처음에는 시가 두려웠다. 시가 내게로 온 이유를 시에 물었다. 시가 말했다. 당신은 나의 주인이 되기를 꿈꾸지 않았느냐고? 한참 머뭇거렸다. 시는 온데간데없고 깜깜한 어둠뿐이었다. 내가 시 쓰는 이유는 딱히 없었다. 그냥 좋아서 쓸 뿐이다. 나를 반성하고 성찰하는데 시만큼 좋은 수련방법은 없다고 확신했기 때문이다. 이제 시는 나의 삶의 일정 부분이 돼버렸다. 한마디로 빼도, 박도 못 하는 신세가 되었다는 것이다. 시 쓴지 십일 년이 넘었지만, 아직도 시 맛을 모른다. 시 맛도 제대로 모르면서 시를 쓰는 아둔한 사람이라서 나는 내가 한심하다는 생각이 든다. 그래도 맨날 시를 읽고 시를 써요.

나는 이 한 권의 책을 통해 '문학치료'에 흥미를 갖고 몇 번씩 읽고 있다. 나의 시 한 편이 몸과 마음 아픈 사람들에게 작은 위안과 위로가 된다면, 시 창작에 게을리하지 않을 것이다.

2부

소요유(消遙遊) 소요유다

소요유(逍遙遊) 소요유다

산악회 제114차 정기산행은 소요산이다. 새벽에 눈을 뜨니 사각사각 소리가 들린다. 베란다 문을 열고 바깥을 내다본다. 간밤에 내린 비와 살눈이 시야에 들어온다. 혹여 날씨가 좋지 않아 산행이 취소될 수도 있다는 생각에 산악회 카페에 서둘러 들어갔다. 산행이 취소됐다는 공지사항은 없다. 경기 북부지역에도 약간의 눈이 내린다는 일기예보가 있었는데 은근히 걱정이다.

어젯밤에 산행에 필요한 소품을 챙기다 보니 배낭 무게가 좀 있다. 오랜만의 산행인지라 잘 따라갈 수 있을지 은근히 조바심이 난다. 아내는 김밥 싸느라 바쁘다. 점심 도시락은 배낭 무게를 줄일 수 있는 김밥으로 준비할 것을 부탁했다. 아내는 일명 취나물 김밥을 만들어 포일에 싸준다. 아들이 녹양역까지 태워줬다.

현재 시각을 보니 오전 08시 20분이다. 소요산역행 기차가 도착하려면 한 40분의 여유가 있다. 나는 시간 약속은 비교적 철저한 편이다. 약속은 신중하데 시간은 철저히 지킨다. 여러 번 산악회를 따라다녀봤는데 한두 명의 지각으로 많은 사람이 아까운 시간을 허비하는 것을 보아왔다. 한두 사람 때문에 산행에 차질을 빚는 것은 보기에도 안 좋다. 산행도 일상의 연장선상이고 보면 예절과 예의는 지켜져야 하는 것이 맞다.

인생의 즐거움은 소요유(逍遙遊) 소유유다. 어느 시인의 말처럼 '인생은 잠시 소풍 왔다가 즐겁게 돌아가는 것이다.' 인생이 즐겁다는 것은 쾌락을 추구하라는 뜻은 아니다. 자기 자신을 즐기라는 뜻이다. 산에 가는 이유나 목적은 묻지 않는다. 각자 산에 가는 이유는 다를지라도 목적은 하나인 것이다. 산이 좋아 산에 간다는 공통 생각 하나 이리라.

이른 시간이라 전동차 안에는 자리가 많이 남아 있다. 날씨 탓인지도 모른다. 남녘에는 꽃이 피고 봄이 왔다는데 여기는 아직 겨울이다. 기차는 인생처럼 빠른 속도로 목적지를 향해 달린다. 전동차는 간이역을 지나 예정된 시각에 소요산역에 도착했다. 화장실에 들렀다가 나와 보니 산우회원님들이 여럿 모여 있다. 반가운 얼굴들이다. 아직 합류하지 못한 회원 한두 명을 위해 기다리는 중이다. 10시 9분경 서울발 전동차가 '플랫폼'에 도착하고 잠시 후 회원 한 분이 출구로 나온다. 다른 회원 한 명은 나중에 별도로 합류할 예정이다.

  오늘 산행은 팔각정-하백운대-중백운대-상백운대-칼바위-나한대-의상대-공주봉-구절터-일주문-관광지원센터(주차장)로 내려오는 제4코스의 변형된 코스였다. 거리는 소요산역에서 하산까지 약 21Km이고 소요 시간은 약 5시간 20분이다. 이중 휴식시간이 약 1시간 20분 남짓이었다. 공주봉만 못 가보고 소요산 5개 봉우리를 밟은 것이다. 물론 자재암과 선녀탕 등은 이번 산행에서는 가보지 못했지만, 일전에 가보았기에 다행이다.

  오늘 산행하기에는 좀 쌀쌀하다. 공기가 차고 길이 미끄럽다. 체감온도는 아마 영하 몇 도는 될 성싶다. 팔각정 오르는 능선 길이 힘이 든다. 꾸준하게 산타는 사람에게는 힘이 덜 들겠지만, 가끔 산타는 사람에게는 산행이 힘들 수밖에 없다. 숨을 몰아쉬며 한 땀 한 땀 오르다 보니 눈앞에 팔각정이 보인다. 산 탈 때마다 산우회원에게 물어보는 것은 "힘 안 드느냐?"이다. 힘 안 드는 사람은 없고 다만 힘이 조금 덜 드는 것뿐이고 참는 거란다.

  내가 인내심이 부족해서일까? 아니면 운동량이 부족한가? 상념을 새기면서 또 능선을 오른다. 산행의 즐거움 중에 사진 찍는 것 또한, 빼놓을 수 없다. 요즈음은 휴대전화기에 장착된 카메라 성능이 뛰어나 누구나 손쉽게 사진을 찍을 수 있어 좋다.

"카메라를 의식하지 마시고 여기를 보세요!" 찍습니다.

찰각~ 이 좋은 풍광을 아무런 통제나 제재 없이 공짜로 찍을 수 있다니 얼마나 다행이랴. 한편으로는 자연에 미안스럽다. 음담패설이 웃음을 주고 일상의 활력소가 되는 것 또한 산행의 즐거움이다. 우리는 다 음담패설을 받아들일 수 있는 나이이고 때와 장소를 가릴 줄 아니깐 오해 같은 것은 문제가 안 된다.

벌써 점심때가 됐나 보다. 바람을 피할 수 있는 능선 아래쪽에 자리를 폈다. 각자 정성껏 준비해온 도시락은 진수성찬이다. 산에서 먹는 한 끼 밥, 성찬이다. 일행은 빙 둘러앉아 오순도순 이야기꽃을 피우면서 식사를 한다. 산에서 먹는 한 끼 식사에 감사한다. 움직일 때는 열이 나지만, 휴식 때는 으스스 춥다. 그래서 산행은 날씨에 민감할 수밖에 없다. 산에 오면 산 잘 타는 사람들이 부럽다. 나는 힘들어하는데 그들은 여유가 있다.

칼바위다! 칼날처럼 날카롭고 뾰족하다. 크고 작은 편마암과 군데군데 서 있는 낙락장송과의 조화는 소요산의 절경을 한층 더 뽐내준다. 소요산은 일찍이 매월당, 양사헌, 이이, 성헌, 허목, 의상, 나옹, 보우 선사, 원효와 요석공주, 태조 등 당대 문인 학자, 승려, 시인들이 소요산을 찾아 수행하고 절경을 노래하였다.

봉우리를 몇 번 오르내리다 보니 나한대에 당도했다. 나한대는 소요산 여섯 봉우리 중 두 번째로 높은 봉우리(571m)이다. 오른편에는 의상대와 공주봉이 있고, 왼쪽에는 선녀탕 하산로와 칼바위, 상백운대가 있다. 나한이란 의미는 불교를 해탈의 경지에 이른 수행자를 지칭한다. 신라 시대 원효에 의해 창건됐고, 고려 초에 나옹 등 고승들이 수행하였던 곳이다. 태조가 이곳에 머무는 동안 자재암이 크게 번성하고 절을 둘러싸고 있는 주위 봉우리들은 불교와 관련된 이름으로 부르는 중에 이곳을 나한대라 부르게 되었다.

눈앞에 소요산의 주봉인 의상대(587m)가 손끝에 잡힌다. 이곳에서 바라본 동두천시의 상·하봉암리가 바라보이고 파주의 감악산과 뒤편으로는 국사봉, 왕방상, 칠봉산이 휘감아져 보인다. 의상대는 자재암의 창건에 관여한 의상을 기려 이름을 붙였다.

계곡으로 내려오는 길은 가파른 돌길이다. 산행은 오를 때보다 내려올 때 더욱 조심해야 한다. 긴장을 풀어서는 안 된다. 구절터에 다다르니 돌탑이 눈에 들어온다. 정성 들여 쌓아 올린 솜씨가 보통이 아니다. 우리 일행은 한 사람도 낙오 없이 산행을 마무리하고 조잘대며 일주문을 통과하고 있었다.

구름 위에 산책

 이번 산행은 운장산(雲長山)이다. 운장산은 전라북도 진안군 주천면·정천면·부귀면과 완주군 동상면의 경계에 있는 산으로 태백산맥에서 갈라진 노령산맥 중의 한 산으로 정상 부분은 세 봉우리로 이루어져 있다.
 즉, 동봉(東峰·1,133m)과 서봉(西峰·1,122m) 그리고 중봉(中峰·운장대/운장산1,126m)이다. 또한, 800~1,000m의 고산지대를 이루며, 연석산(917m), 복두봉·옥녀봉(737m), 구봉산·부귀산(806m) 등과 함께 하나의 웅장한 산지를 형성하고 있다. 산의 이름은 구름에 가려진 시간이 길다 해서 운장산이라고 했다. 기반암은 중생대 백악기의 퇴적암과 화강암이며, 산마루에는 암석이 곳곳에 드러나 있다. 사방으로 능선이 뻗어 있으며, 깊고 긴 계곡들이 형성되어 있다.
 평소 느끼는 것은 부지런하지 않으면 산에 갈 수 없다는 것이다. 나의 약속 시각은 철저하게 지키는 편이다. 오늘 산행은 새해 들어 첫 산행이라 설렌다. 05:07분 첫 경전철을 탔다. 처음이란 단어는 늘 설레고 궁금하고 기다려진다. 새해 첫 산행, 첫 경전철, 오늘은 다시 기다리는 첫 자의 낱말이 좋다. 새벽을 힘차게 달리는 불빛은 어둠을 가르고 벌써 회룡역에 도착했다. 일요일인데도 불구하고 갓밝이에 벌써 바삐 오가는 사람들 모습에서 생동감을 느낀다. 버스는 정체 구간 없이 순조롭게 달린다. 충청도 죽암부터 진안까지 가는 도중 눈이 내리기도 했다. 무주의 이정표가 나오고부터 길은 좁은 지방도로다. 군데군데 눈이 녹지 않아 빙판인 곳도 보인다.

06시에 회룡역을 출발, 미아와 태릉을 경유 09:40분경 목적지인 피암목재 주차장에 도착했다. 이번 산행으로는 피암목재 활목재 서봉(1,022m) 운장산 정상(1,126m) 동봉(1,133m) 6.5km(4시간 30분) 거리이다. 우리는 기념촬영을 하고 아이젠을 착용하고 맨손체조로 몸을 풀고 산행은 시작되었다. 산길은 온통 순백의 눈길이다. 40여 분 더 오르니 활목재이다. 이번 산행은 좀 잘해보려고 선두쯤에 섰는데 오르면 오를수록 힘에 부쳐 얼마 못 가 맨 끝으로 밀려났다. 회원 몇 명과 함께 가다 쉬다, 하면서 천천히 올랐다. 하늘 끝까지 이어진 순백의 길 아름답다. 댓잎에 팔랑이는 눈꽃 하며 나뭇가지에 열린 하늘을 찌를 듯한 상고대, 기풍이 당당하다. 고개를 돌려본다. 숫눈의 신비를 본다. 함부로 숫눈을 꺾지 말아야 한다. 힘에 부칠 때는 숫눈 곁에 누워 구름을 덮고 잠들고 싶었다.

가파르게 올라가다 보니 먼저 도착한 회원들이 칠성대에서 사진을 찍고 있었다. 구름과 바위와 나무와 사람이 어울린 무릉도원! 나도 모르게 감탄사가 스프링처럼 튀어나온다. 간혹 햇빛이 구름 사이로 파란 하늘이 얼굴을 내민다. 지금 기온은 영하지만, 몸에서는 땀이 요동친다. 얼굴에는 소금꽃이다. 길이 눈길과 빙판길 그리고 협소해서 안전에 주의하지 않으면 안 된다. 산행에서 즐거움을 만끽하려면 우선 조그마한 사고라도 없어야 한다. 안전수칙을 준수하고 긴장을 늦춰서는 안 된다. 산은 우리에게 늘 겸손과 자만심을 일깨워준다. 저기 구봉 선생의 간절한 기도 소리가 들려오는 듯하다. 백성이 편안하고 백성이 핍박받지 않게 해달라는 간절한 기도 같았다.

어느덧 점심 먹을 시간이 되었다. 산 위에서의 즐거움은 식사하는 즐거움도 있으리라. 산에서 먹은 음식은 별미요 동원약식이다. 우리는 칠성대를 지나 운장대 사이에서 간단하게 점심을 먹고 운장대를 향했다. '트랭글'에서 운장대 정상을 알려준다. 칠성대에 이어 다시 배지를 받았다. 배지 받는 재미도 산행의 즐거움 중 하나이다. 운장대에 올라 사방을 내려다보니 세상은 구름 위에 산책 같았다. 이 산 이름을 왜 운장산이라 지었는지 알 것 같다. 산은 온통 은백색이고 하늘은 온통 잿빛이다. 우리는 서둘러 마지막 봉우리인 심장봉에 올랐다. 3봉 다 비슷한 봉우리 같은데 유심히 보니 특색이 남달랐다. 우리는 추억을 남기기 위하여 추억 사진을 찍었다.

"예쁘게 찍어주세요." "저도요!"

문수산성(文殊山城)

어제 비 소식이 있던 터라 이번 주 산행은 어렵겠구나, 생각하고 있었는데 아침에 일어나 보니 날씨가 화창하다. 지난주부터 다음 산행은 문수산이라고 아들이 노래를 불렀다. 가족 산행은 오롯해서 좋다. 여유가 있어 좋다. 산 오르는데도 힘들지 않아서 좋다. 이처럼 우리 가족 산행은 지금까지 즐겁게 진행되고 있다.

이번 토요일 산행은 역사의 숨결이 살아있는 문수산성(文殊山城)이다. 문수산성은 경기도 김포 월곶면에 있는 김포 내에서는 가장 높은 산(높이 376.1m)이다. 문수산성은 조선 숙종(肅宗 20년) 때 축성한 2.4km의 석축산성이며 1866년(고종 3) 병인양요 때 프랑스군이 이곳을 점령하였던 적이 있다. 서울에서 김포가도를 달려 월곶면에 이르면 강화대교가 코앞에 나타난다. 강화대교 건너기 전 우회전하여 조금만 들어가면 한남정맥의 끝에 솟아있는 산이 문수산이다. 이 산은 해발 376.1m가 그다지 높지 않은 산이지만, 지리적 특성으로 날씨가 화창하면 사방을 조망할 수 있어 좋다. 인천 앞바다는 물론 서울의 도봉산, 삼각산, 염하강 너머 강화의 혈구산 고려산 마니산, 한강과 임진강을 아우르는 조강(祖江) 건너 북녘땅 개풍과 개성의 송악산, 일산의 심학산, 남쪽의 인천 가현산, 계양산까지 눈 안에 들어온다.

문수산은 예나 지금이나 국가 안보의 중요한 전략 요충지이다. 병인양요 때 제독 로즈가 거느린 프랑스 함대와 치열한 전투를 치렀다. 이때 초관(哨官) 한성근(韓聖根)이 문수산성을 지키고 있었는데, 산성의 남문(南門)으로 쳐들어오는 프랑스군을 격퇴하였다. 강화는 지리적 특성상 방어하기 위한 천혜의 요새다. 강화해협 물살의 세기는 가히 위협적이다. 물경 차이가 높아서 물때를 잘못 알고 썰물 때 배를 몰았다가는 배가 서로 부딪치고 파손될 위험이 있다. 이곳 바닷가는 벼랑과 정강이까지 폭폭 빠지는 갯벌이 펼쳐진다. 이런 이점 때문에 고려는 위기에 처했을 때 강화를 선택했다. 남북이 대치하고 있는 현실에서 강화와 김포는 우 안보의 최후 보루이다. 이 지역은 안보의 중요성을 고려하여 우리 해병 용사들이 철통 안보를 책임지고 있다. 연평도 포격 사건을 떠올리면 아찔하다.

문수산 오르는 산길에도 봄 내음이 살랑댄다. 성곽은 인생의 등굽잇길처럼 길게 굴곡져 있다. 또한, 성곽은 중간중간 보수공사 흔적이 남아 있다. 나보기가 역겨워 여기저기 숨어 피어있는 애기 진달래꽃망울이 올망졸망 예쁘다. 얼마 만에 보는 우리의 진달래꽃인가, 오르고 오르다 보니 벌써 문수산 정상(장지대)이다. 문수산은 산 오르기 좋은 산이다. 산세가 좋고 육산이라 처음 오르는 사람들도 힘들지 않게 오를 수 있는 산이다. 이만한 산이 김포에 있으니 산꾼에게는 더할 나위 없는 자연의 선물이다.

  그다지 높지도 않은 데도 사방을 조망할 수 있다니 놀라웠다. 탁 트인 장지대에서 사방을 둘러봤다. 역사의 굴곡진 이야기를 들려주듯 염하강은 말없이 유유히 흐른다. 조강 너머에는 손에 잡힐 듯이 북녘땅이 가까이에 있다. 강하나만 건너면 우리 동포가 사는 북한 땅이다. 우리는 아직 하나 되지 못하고 두 동강이나, 서로 적대시하며 살고 있다. 분단의 서러움에 가슴이 아파진다. 이 땅에 다시는 전쟁이 일어나서는 안 되며 우리 형제들이 재회하는 그 날을 염원하며 헐벗은 북녘땅을 하염없이 바라다보았다.

  산을 오르는 것은 인생길을 걷는 것과 같다. 높은 산은 우리에게 꿈과 도전정신을 일깨워주고 낮은 산은 우리에게 겸손과 양보를 가르쳐준다. 산 오르다 보면 꽃 한 송이, 풀 한 포기, 바람 한 점, 햇볕 한 줌, 돌 한 조각 귀하지 않은 것이 하나도 없다. 그래서 산 오를 때는 마음가짐도 겸양해야 한다. 산이 좋아 산 오르는데 무슨 설명이 필요한가? 산 오르면서 오순도순 이야기 나누면서 나를 돌아보고 자연과 교감하고 심신을 다독이며, 이만한 즐거움도 없다. 그래서 산을 찾는지도 모른다. 오늘 오른 문수산은 내가 다녀본 산 중에서 기억에 남을 만한 산이라 즐거웠다.

마니산

 이번 산행은 마니산이다. 우리가 그래 왔던 것처럼 쉬는 날이면 으레 산행이다. 우리 식구 셋이서 함께하는 산행은 즐겁다. 아들의 건강을 위해 시작했던 산행이 어느덧 1년이 다 돼간다. 산이라면 고개를 잘래잘래 흔들던 아내도 산행하는 의미를 느끼나 보다. 여전히 힘든 산행, 가족이 함께한다는 데 만족하는 눈치다.
 산행 일정이 잡히면 아들은 산행에 차질이 없도록 산행 정보를 획득한다. 강화도에는 여러 번 갔었지만 마니산은 처음 가보는 산이라 설렌다. 오늘 비 온다는 일기예보는 없었다. 토요일 저녁 무렵부터 전국적으로 비가 내리고 일요일 늦게 그친다고 했다. 일기예보가 생활에 미치는 영향은 매우 크다. 나는 요즈음 일기예보를 전적으로 신뢰한다. 신뢰하기까지 많은 시행착오가 있었으리라. 기상청의 일기예보를 고맙게 생각한다. 기상이 산행에 미치는 영향은 크다.

　아침 여섯 시에 집을 나서 한 시간 사십여 분만에 마니산 입구 '함허동천 야영장' 앞에 도착했다. 하늘은 부옇게 흐려있다. 주차장은 물론 조그마한 공간마다 차량으로 빽빽하다. 야영 온 사람들의 차량이다. 야영장에는 텐트들이 무리 지어 있다. 여가를 즐기려는 사람들 표정도 다양하다. 어린 꼬마들도 보이는 걸 보니 가족 단위로 야영 왔나 보다.

　은근히 걱정되는 것은 음식물 쓰레기와 생활 쓰레기를 제대로 버릴 곳이 있는지 의문이다. 야영장 입구 공중화장실을 들러봤다. 실망스러웠다. 좌변기 주변에 너부러져 있는 휴짓조각, 악취, 등 화장실을 함부로 사용하고 있다는 느낌에 화가 났다. 남들 앞에서는 공중도덕을 잘 지킬 줄은 몰라도 남이 보지 않은 곳에서는 공중도덕이 낙제점이다. 자기네들 집에서는 저렇게 지저분하게 사용하지는 않을 것이 뻔하다.

　화장실의 감정 때문인지 산 오르면서도 이곳저곳에 버려진 오물이 눈에 자주 띈다. 좀 이른 시간이어서인지 사람이 뜸하다. 산은 온통 녹색이다. 산새가 노래하고, 바람이 쉬어가고, 나무가 흔들흔들 까부는 것이 싫지 않았다. 산을 밟아보지 않은 사람은 산 밟는 짜릿한 맛을 잘 모른다. 한 땀 한 땀 오를 때마다 하늘과 가까워진다는 느낌에 힘이 솟아났다.

　마니산 하면 자랑할 것이 많겠지만, 가장 인상에 남는 것은 암

릉길의 신비함이다. 어떤 바위는 무 자른 듯 반듯하고 톱으로 켠 듯 묵직하다. 천년의 세월을 견뎌낸 인고의 흔적은 닳고 닳아 번질거리는 바위의 표면이다. 집중하지 않고 정신 바짝 차리지 않으면 위험할 수 있다. 미끄럽고 낭떠러지가 아찔하다.

한반도의 배꼽 산, 마니산은 명산임에는 틀림이 없다. 그다지 높지는 않지만, 산세가 수려하고 기암절벽이 산재해 있고 화강암반이 널리 분포된 우리 민족의 영산이다. 마니산은 기(氣)가 남한에서 가장 센 산이다. 그래서 많은 사람이 찾고 있다. 단군께서 하늘에 제사 지냈던 '참성단'에는 사람으로 북적댔다. 나는 겨우 사진 몇 장 찍고 세상을 굽어봤다. 정상에서 굽어본 세상은 아름답다. 서해가 보이고 섬들이 보이고 구름과 바람이 자고 가는 우주의 공간에 내가 안긴 이 기분은 날갯짓처럼 가벼웠다.

산 오르는 길에 물구나무서 있는 '목인(木人)'을 보았고 내려오는 길에서는 숨어 보이는 석인(石人)의 시선을 보았다. 사람 같기도 하고 동물 같기도 한 저 형상의 신비로움, 돌려보고 뒤집어보니 신기하기 그지없다. 보는 관점에 따라 바뀌는 색다른 풍경이 좋다. 어느덧 걷고 또 걷다 보니 산을 다 내려오고 말았다. 마니산 암릉길이 눈에 삼삼하다.

괘방산, 고양이처럼 귀엽다

 산악회 제115차 정기산행은 괘방산이다. 강원도 지역 산행은 태백산, 명지산, 금병산, 검봉산에 이어 다섯 번째다. 괘방산 산행 공지가 떴다. 괘방산에 대하여 정보를 얻었다. 괘방산(339m)은 강원도 강릉시 강동면 정동진역과 안인진역 사이에 있다. 괘방산은 동해를 끼고 있는 산으로 서울 경복궁(광화문)에서 정동 쪽에 있다 하여 붙여진 정동진역의 산행 기점이다. 해수욕장이 있는 등명에서 서쪽으로 솟은 산이 바로 괘방산 정상이고, 등명과 산 정상 사이에 낙가사가 동해를 바라보며 자리하고 있다.

 대포동은 지난 96년 9월 18일 북한 무장공비들이 잠수함으로 침투한 곳이기도 하다. 당시 무장공비들은 괘방산 줄기를 타고 칠성산으로 도주하다가 화비령을 지난 청학산(337m)에서 자살한 무장공비 11명 시신을 발견했고 한 명을 생포하고 13명을 사살하고 도주한 사건을 계기로 강릉시에서 괘방산에다 '안보체험 등산로'를 개설하였다. 당시 침투했던 북한 상어급 잠수함은 대포동 바닷가에 전시되어 있다. 이 잠수함이 침투했다가 해안에서 좌초하면서 대대적인 공비소탕작전이 벌어진 곳이다.

괘방산의 산 이름은 옛날 과거에 급제하면 이 산 어디인가에 두루마기에다 급제자의 이름을 쓴 방을 붙여 고을 사람들에게 알렸다는 데서 생긴 이름이라 전해지고 있다. 괘방산 등산로는 잠수함이 전시된 대포동을 출발, 삼우봉~괘방산~당집~화비령을 거쳐 청학산까지 오른 다음 밤나무정으로 하산하는 즉, 무장간첩 도주로를 그대로 쫓아보는 제1 등산로(약 7.5km)와 대포동 북쪽 안인진삼거리에서 남쪽 능선을 타고 괘방산성~삼우봉을 거쳐 괘방산에 오른 다음, 샘터가 있는 당집을 걸쳐 183m 봉 능선을 타고 정동진역에 이르는 제2 등산로(약 8.4km)가 대표적이다.

이외에 제1, 제2 등산로가 겹치는 삼우봉과 당집 사이에 있는 삼우봉~대포동, 정상 남쪽임도~낙가사, 괘일재~등명해수욕장, 당집~등명해수욕장 등으로 이어지는 등산로가 있다. 이 모두 바다 쪽으로 내려서게 나 있다. 여기서 소개하는 제2 등산로는 하산 후 정동진역에서 쉽게 기차를 탈 수 있어 좋다.

우리 산악회는 제2 등산로를 선택하였다. 산행에 앞서 기념촬영을 하고 계단 오르는 것을 본 후 회원 네 명은 잠수함 침투지,

6·25남침 사직탑, 통일공원을 둘러보고 괘방산 정상에서 합류하는 것으로 일정을 잡았었다. 그런데 나와 일행 몇몇은 때를 놓쳐 산행은 하지 못하고 6·25남침 사직탑에서 정동진역까지 걷기로 했다.

동해가 어린아이처럼 파랗다. 그냥 아무 생각 없이 풍당 빠지고 싶다. 망망대해의 넓디넓은 파란 하늘에 은빛 돛단배가 반짝인다. 통일공원 등을 둘러보면서 잠시 생각에 잠겨본다. 두 동강 난 우리의 현실이 아프다. 남과 북은 아직도 하나 되지 못하고 서로 불신하며 살아가고 있다. 가다 보니 어느덧 저기에 정동진이 보인다.

4월처럼 귀여운 고양이를 보러 이곳에 왔는데 고양이는 봄 산에 쭈그리고 앉아 해바라기 하고 있다. 산 꾼은 고양이 같은 생각과 지혜를 닮아야 한다. 고양이 같은 마누라, 고양이 같은 자식도 좋다. 고양이가 어때서? 낮달이 고양이 눈을 닮았다. 온통 새파랗다. 고양이의 산, 괘방산이 귀엽다.

일요일은 전국적으로 흐리고 남쪽 지방에는 약간의 비가 내린다는 예보가 있다. 제발 비만 오지 않기를 바랄 뿐이다. 알람시계가 울렸다. 04시 30분에 알람이 울리게 맞춰두었다. 이것저것 배낭 안에 챙겨 넣고 빠진 물건이 없는지 확인한다. 휴대전화기와 배터리, 그리고 안경과 생수다. 탑석역에서 회룡역까지 약 20분이 소요된다. 회룡역에 도착하니 5시 40분이다. 약속

시각까지는 한 20분간 여유가 있다.

  약속 장소로 나오니 아직 버스가 오지 않았다. 잠시 후 버스가 도착하고 미아역으로 달렸다. 미아역에서 회원을 태우고 태릉으로 달렸다. 태릉에서 회원을 모두 태우고 중부고속도로 만남의 광장에서 마지막 회원을 태운 버스는 막힘없이 시원하게 달린다. 버스는 영동고속도로에 진입하고 마장휴게소와 강릉휴게소를 거쳐 목적지인 안인진삼거리에 오전 10시 20분경 도착했다.

  차창 밖에서 펼쳐지는 사월의 풍경은 한창, 봄이다. 상큼하게 유입되는 연둣빛 시선과 선홍빛 추억은 시간처럼 스쳐 지나간다. 산행을 마친 일행과 우리는 오후 3시경에 합류하여 선발대가 미리 준비한 횟감을 안주 삼아 즐거운 담소를 즐기며 산악회의 단결과 우애를 다졌다.

부용산(芙蓉山)

 아침에 창문을 열자 부용산(芙蓉山)이 손짓한다. 오늘은 혼자라도 부용산을 다녀와야겠다. 새해 들어서 산행 한 번 못했다. 지난 일요일도 그랬고 이번 주 토요일도 그랬다. 산악회의 1월 정기산행은 백운산(민주지산)이었고 고향산악회 1월 정기산행은 청계산이었다. 두 군데 다 따라가지 못했다. 사람은 부지런해야 만이 산에도 따라갈 수 있다. 게으름만 피우고 이 핑계 저 핑계로 모두 놓쳤다.

 부용산은 핑계도 필요 없다. 마음만 먹으면 금방 다녀올 수 있어 좋다. 부용산은 내 고향 뒷동산과 같이 야트막하고 어머니 품 안 같이 포근하다. 이런 산이 코앞에 있다는 것이 얼마나 행복한 일인가, 10년 전 이곳으로 이사 와서 처음으로 부용산에 올랐을 때 고향 뒷동산을 오르는 듯 착각에 빠지곤 했었다.

 남녀노소 누구나 오를 수 있는 아담한 산, 몸에 땀방울이 데워

질만큼만 숨찬 거리, 집에서 왕복 1시간이면 다녀올 수 있는 운동하기에 알맞은 산, 이 산 주변에 사는 사람들은 부용산에 고마워해야 한다. 나는 늘 고맙게 생각한다.

부용산의 산세가 연꽃 봉오리 같다 해서 부용산이라 이름 붙였다는 설도 있고, 세조와 관련 있는 산이라 했다. 부용산 근처에 신숙주 선생 산소가 있으므로 그리 불릴 수도 있다고 본다. 그 어디에도 부용산에 지명에 관한 기록을 찾지 못했다. 그래서 나는 부용산을 '월산(月山)'이라 부르고 싶다. 산은 가까이 가서는 세세한 것은 볼 수 있을지 몰라도 산 전체는 볼 수 없다. 그래서 원근법이 있지 않나 생각한다.

나는 매일 출퇴근 때마다 부용산을 한 번쯤 바라다본다. 특히 퇴근 때면 부용산에 만삭이 된 어머니가 늘 알몸으로 누워계신다. 파란 하늘의 저녁별을 보고 편안하게 누워 계신다. 며칠 전 보름날에는 보름달이 부용산 봉우리에 내려앉아 생명의 탄생을 축복이라도 하듯 방긋 달빛이 환했다. 부용산은 어찌하여 그렇게 만삭의 어머니를 닮은 여인상일까? 나는 그런 느낌을 받은 이후로부터 부용산을 오를 때면 마음가짐을 가다듬고 조심스럽게 오르기도 한다.

천상병 시인은 '인생은 잠시 소풍하러 왔다가 돌아가는 것'이라 했다. 소풍 길은 즐거워야 한다. 선생은 아무런 근심걱정 없는 듯 천진난만한 얼굴로 소풍이 즐거웠다며 달관의 경지로 인생을 노래했다. 이것은 선생만이 가능했던 일이다. 의정부에 오면 여러 갈래 소풍 길이 있다. 물론 부용산에도 소풍 길이 있다. 소풍 길 따라 부용산을 오르다 보면 천상병 시인의 소풍 나온 시(詩) 몇 수를 만날 수 있다. 라이너 마리아 릴케는 '시를 쓴다는 것은 살아있다는 것이다.'라고 했다.

> 산등성 외 따른데 / 애기 들국화 // 바람도 없는데 / 괜히 몸을 뒤 뉘인다. // 가을은 / 다시 올 테지 // 다시 올까? / 나와 네 외로운 마음이 / 지금처럼 / 순하게 겹쳐진 순간이….

가을에 피고 가을에 지는 들국화, 봄도 모르고 여름도 모르고 겨울도 모르는 들국화는 오로지 가을만 안다. 가을이 다시 오지 않아도 나는 외롭지 않다던 선생의 천진하고 순한 성품은 들국화처럼 청순하다. 산길을 한 땀 한 땀 오르다 보면 나무계단이 가지런하게 누워있다. 너는 참 좋겠다. 사람을 위해 밟히고 밟혀도 군말 없이 그 자리를 지키고 있으니 말이다. 소나무 숲을 지나다 보면 누렇게 깔린 갈비가 수북하다. 아궁이에 갈비를 조금씩 집어넣고 밥 짓든 어머니 모습이 그립다. 갈비 타는 냄새며 토닥이는 불씨가 낫낫하다. 잠시 걸음을 멈추고 심호흡을 해본다. 계곡은 아직 눈이 제법 쌓여있다.

헤르만 헤세는 '시는 원래 솔직하다'고 했다. '시는 생명을 가진 영혼이 자신을 스스로 보호하고 감정과 경험을 깨닫기 위해 표출하는 방출, 외침, 울부짖음, 한숨, 몸짓, 반응이다.' 어떤 사물이든 가만히 들여다보면 신비한 데가 있다. 선생의 시는 꾸밈이 없는 민얼굴이다. 시가 물 흐르는 듯 자연스럽다. 이 한 편의 시(詩) 안에 사계가 생생하게 그려진다. 도도하게 흐르는 우주의 세계, 우주의 사랑 누가 말릴 소냐!

어느덧 부용산 정상이 눈앞에 나타났다. 정상이라 해봐야 해발 210.6m이다. '트랭글'에서 배지를 발급하는 축하 팡파르가 울렸다. 정상을 오르면 배지를 선물 받는다. 트랭글을 켜고 산에 오르면 배지 받는 맛 또한 즐겁다. 정상은 추운 날씨 탓인지 사람이 없다. 정상에 오르면 오를 때마다 읽어보는 소풍 길의 유래와 천상병 선생의 시 귀천(歸天), 그리고 신숙주 선생은 오언시를 읊조려본다.

천상병 선생의 시는 쉬우면서도 긴장감이 있고 운치가 있어 좋다. 이 짧은 시(詩) 안에 인생이 고스란히 묻어나고 삶의 지혜가 향기롭다. 인생은 빈손으로 왔다가 빈손으로 돌아가는 영혼이다. 영혼은 영원히 죽지 않고 사라질 뿐이다. 이 시를 읽을 때마다 내 심장 한쪽에 무언가가 시원하고 묵도처럼 에리다. 부용산 내려오는 길 낙엽들이 다소곳이 인사를 건넨다. 반가웠다고, 삶과 죽음의 경계를 달관의 자세로 인생을 즐겁게 노래한 선생은 영혼이 맑은 귀인이 맞다. 선생이 소풍 끝내고 하늘로 돌아가는 날 얼마나 즐겁고 아름다웠을까?

거대한 땅, 중국에 가다 1

참 오랜만에 가는 중국여행이다. 이십 삼 년 전 톈진(천진)과 칭다오(청도)에 열흘간 여행했던 것이 몇 년 전 같은데 세월이 참 많이 흘렀다. 지금의 중국은 그때와는 비교할 수 없을 정도로 눈부신 발전을 했다. 이번 가족 여행은 각별한 여행이었다. 형제들이 함께한 여행이기에 새롭지 않을 수가 없다. 고향에서 자형과 누나가 미리 올라왔고 대구에서 여동생과 매부가 새벽에 공항버스를 타고 왔고 서울에서 형님과 형수님, 누나와 매형이 공항에 속속 도착했다. 이렇게 형제가 함께 해외여행을 한다는 것은 쉬운 일이 아니다. 계속 미루어왔던 형제들의 3박 4일 해외여행은 그렇게 시작되었다.

인천국제공항은 이른 아침부터 붐볐다. 공항을 출발한 비행기는 2시간여 비행 후 상해 푸동 국제공항에 도착했다. 푸동공항의 첫인상은 사람이 붐비지 않아 좋았다. 공항청사가 깨끗했다. 상해는 세계에서 가장 큰 항구도시이며 중국의 주요 산업·상업의 중심지이다. 상해는 동중국해 연안에 있으며 북으로 양쯔강(揚子江) 어귀와 남으로 항저우(杭州) 및 위판만(玉盤灣) 사이에 자리 잡고 있다. 상해는 중국에서 인구밀도가 가장 높은 도시이며 서방 무역을 최초로 개방한 항구로 오랫동안 중국의 상권을 독점해왔다.

이곳은 1949년 공산정권이 들어선 이후로는 거대한 산업도시로 발전했다. 교외 공업지구와 주택단지가 세워지고 토목공사도 이루어졌을 뿐만 아니라 공원과 그 밖의 오락 시설이 마련됨에 따라 도시가 크게 변모했다.

차창 너머로 펼쳐지는 풍경은 새롭고 또 새롭다. 이곳도 서울 못지않게 정체 구간이 길었다. 독일산 일본산 등 외제 승용차가 유독 많이 보였다. 도심의 아파트단지에 내걸린 빨래가 무척 신기했다. 빨래가 미관상 안 좋게 보이는데도 빨래를 창문 바깥에서 말리는 것이 무척 궁금했다. 여행안내원 설명으로는 습도가 높은 탓이라 했다. 실내에는 난방시설이 없고 습도가 높아 빨래를 말릴 수가 없다고 한다. 상해는 비 오는 날이 연중 264일쯤 된다고 했다. 운 좋게도 이번 여행은 날씨가 아주 좋은 편이었다. 3월 말경 날씨는 우리나라와 비슷하고 아침저녁으로는 좀 쌀쌀하고 낮에는 다소 더웠다.

중국의 많은 관광명소 중에서 첫 번째 방문지는 일제강점기 때 항일 독립운동의 본거지인 임시정부청사와 유럽풍의 건물들이 들어서 있는 신천지였다. 상해의 임시정부청사에는 일제 강점기에 상해를 무대로 독립운동의 구심점이 되었던 대한민국 임시정부청사가 옛 모습 그대로 보존되어 있다. 상해 도심의 뒷골목의 낡고 허름한 건물들 사이로 보이는 빨간 벽돌 건물인 상해 대한민국 임시정부청사는 중요한 역사성을 간직한 곳이다. 건물 1층으로 들어서면 임시정부의 활약상과 청사 복원에 관한 내용을 다룬 비디오를 시청하고 임시정부청사 시절에 사용된 가구, 서적, 사진 등을 관광할 수 있고 한때 주권을 상실했던 조국의 비애를 그 역사적 현장에서 생생하게 느낄 수 있었다. 말로만 듣던 곳을 직접 방문했다는 데 큰 의미가 있다.

 신천지는 중국 상해에 있는 쇼핑가로 중국에서는 신텐디로 불린다. 외국 관광객도 심심찮게 보였다. 신천지의 옛 건물이 즐비한 북부광장은 현재 상해에서 가장 세련된 쇼핑 장소로 자리 잡았으며 많은 레스토랑과 술집, 커피숍, 테라스 카페, 상점 갤러리 등이 들어서 있다. 또한, 예술가들의 아트숍도 자리 잡고 있다. 주변의 건물들은 상해의 독특한 건축양식인 석고문 가옥과 유럽식의 건축양식이 공존하는 이국적인 분위기를 자아내고 각각의 내부는 현대적인 실내장식으로 고전과 현대의 조화를 이루고 있다. 남부광장에는 고층의 현대적인 건물이 많아서 옛 건물과 좁은 길의 북부광장과 대조를 이룬다.

남경로는 중국에서 난징루라고 하며 상해의 관광 중심인 외탄(와이탄)과 어깨를 나란히 하는 번화가이다. 19세기 후반, 서양인들이 근대적인 상해를 건설하면서 가장 먼저 생겨난 쇼핑거리이다. 황포강 연안에서 정안공원까지 동서로 5km 이어진 길로 우리나라의 대표적 번화가인 명동과 비슷한 분위기를 띠고 있다. 난징루는 중간지점에서 시쨩중루와 교차하는데 그곳에서 황포강까지의 동쪽 길을 난징둥루, 정안공원까지의 서쪽 길을 난징시루라한다. 이 중에서 난징둥루는 상해에서 가장 붐비는 지역이다. 남경로의 거리 양옆으로 기념품점과 쇼핑센터가 늘어서 있어 평일에도 사람들로 북적댄다. 길 중앙에는 벤치나 매점이 있어서 쉬어가기에도 좋고, 난징루의 명물인 관광용 미니버스도 탑승할 수 있다. 우리나라 명동 못지않게 사람들로 북적댔다.

　중국여행 마지막 밤은 황포강을 유람하며 외탄의 야경을 감상하면서 상해의 매력에 푹 빠졌다. 상해의 발전을 상징하는 유명한 건축물들이 황포강을 따라 밀집해 있고 사방에 펼쳐지는 야경에 눈을 뗄 수 없었다. 이곳에 지어진 건축물들은 중국이 아편전쟁에 패배하여 개항할 당시 외국인들이 지은 건물들로 다양한 건축양식으로 지어졌기 때문에 세계의 건축박물관이라는 별명을 가지고 있기도 하다. 황포강에 펼쳐지는 크루즈선의 화려함과 주변의 빌딩 숲의 야경은 황홀했다.

예원은 명나라 사천지방의 포정사를 지낸 반윤달이 1959년에 짓기 시작해서 18년의 세월 끝에 완성한 강남지방의 대표적인 정원 고풍 건물 중 하나이다. 예원은 부모의 편안한 여생을 위하여 지었지만 17세기 중엽부터 반씨 가문이 쇠락하기 시작하였고 18세기 중엽에 거상과 사대부 몇 명이 예원을 사들여 중수하면서 이름을 서원으로 바꿨다. 19세기 이후에는 아편전쟁으로 영국군이 이 지역을 점령함으로써 예원도 심각한 피해를 보았고 태평천국 난으로 심한 훼손을 당했다. 신중국 성립 이후 다시 정비하여 오늘에 이르고 있다.

예원은 황포강에서 들여오는 물결 소리를 들을 수 있다 해서 이름을 청도각이라 했다. 청도각은 상설 전시장으로 개방되어 서하전과 문물전을 구경할 수 있다. 옥령룽 서쪽의 작은 원형의 문을 지나면 득월루가 있다. 청나라 건륭 25년(1760)에 지은 이 층 건물로 광서 18년(1890)에 중수한 건물이다.

1991년에 착공하여 3년 후에 완공된 상하이 동방명주는 아시아 최대 높이의 건축물 중 하나로 상해뿐만 아니라 중국의 자랑이다. 468m의 높이를 자랑하는 건축물의 본래 용도는 라디오와 텔레비전방송 송신탑이다. 상하이 건축회사의 지안후안쳉(Jian Huan Cheng)에 의해 디자인된 이 타워는 특히 둥근 모양이 진주 같다고 하여 동양의 진주라 불리기도 한다. 지름경이 약 9m 정도인 3개의 기둥 태공창, 상구체, 하구체와 5개의 작은 구체, 그리고 탑 밑부분과 광장으로 구성되어 있는데, 크기와 높이가 다른 구체가 맨 위에서부터 아래까지 이어져 있고 중간중간 커다랗고 탐스러운 5개의 구체가 타워 중간에 박혀 있는 형상이다.

옥으로 만든 쟁반(항포강)에서 크고 작은 구슬(동방명주의 원형 구조물)이 떨어져 내리는 아름다움을 묘사했다. 이러한 디자인은 멀리서 보면 뾰족한 침을 가진 주사기 같기도 하고 독특한 우주선 같기도 한 것이 보는 사람에 따라 각각 다른 모습으로 표현된다. 특히 대형 탑의 야간 조명은 분홍색과 파랑 등 찬란한 색을 선보이며 상해의 야경 중심축을 이루는데 동방명주를 중심으로 빽빽하게 들어선 고층 건물이 유명한 상해의 야경을 탄생시키고 있다. 동방명주는 단지 눈으로만 감상하는 건축물이 아닌 높이와 기술력을 몸소 체험할 수 있는 건축물로 인기를 얻고 있다.

높은 곳에 있는 전망대는 초고속 엘리베이터를 타고 다다를 수 있는데 1초에 약 9m를 올라간다고 하니 그 기술력이 그저 놀라울 뿐이다. 엘리베이터를 타고 순식간에 도달한 높이 263m 지점 일반 전망대에서는 유유히 흐르는 황포강과 주변의 초고층 건물들이 그림처럼 펼쳐진다. 아이들은 동서남북 곳곳에 자리하고 있는 상해의 유명 건축물을 찾아보기도 하고 특수 망원경을 통해 시내 구석구석을 구경한다. 동방명주 관광의 하이라이트인 259m 지점 전망대를 방문할 시간, 특수 유리 바닥이 있는 이곳에서는 창밖 전망과 더불어 훤히 뚫린 발밑으로 건물들을 내려다볼 수 있다. 마치 하늘 위에 떠 있는 듯한 느낌이 들어 꼭 고소공포증이 있는 사람이 아니더라도 선뜻 나서기가 겁날 정도다.

게다가 위쪽은 조금 뚫려 있어 외부 공기가 안쪽으로 들어오게끔 설계되었는데 바람이 많이 부는 날에는 마치 밖에 있는 듯 온몸으로 바람을 맞게 된다. 무섭다고 소리 지르는 사람들과 또 이를 즐기는 사람들이 재미있는 풍경을 나타내는 특별한 전망대다. 안팎으로 감탄을 자아내는 중국인의 근대화 자부심이 가득 담긴 멋진 동방명주에서 하늘과 좀 더 가깝게 만나는 황홀한 공중부양을 경험했다. 하늘에서 내려다보이는 거대한 빌딩 숲은 작게만 보였다.

거대한 도시 상해는 활기가 넘쳐 있다. 사람들 표정에 여유가 묻어나고 중국인으로서 자존심을 지키기 위하여 부단히 노력하고 있음을 눈으로 확인할 수 있었다. 중국여행에는 몇 마디 중국어라도 익히고 가는 것이 좋다. 물건 살 때도 위안화가 꼭 필요하다. 내 앞에 펼쳐지는 거대한 도시 상해는 지금 웅비하고 있다 해도 과언이 아니다. 이웃 나라 중국은 앞으로 어떤 변화를 가져올지 세계가 주목하고 있다. 이번 여행은 일정은 **빡빡했**지만, 모두가 즐거운 여행이었다.

거대한 땅, 중국에 가다 2

여행 첫날은 바쁘게 움직였다. 상해에서 3시간여를 달려 항주에 도착하였다. 항주의 도심은 온통 증·개축공사로 구간마다 정체와 지체를 반복했다. 2016년 제11차 G20 지도자정상회의가 이곳 항주에서 오는 9월에 개최한다. 이 회의를 앞두고 항주는 새단장에 눈코 뜰 새 없이 바빠진 것이다. 사람 사는 곳 어디에든 경제발전은 눈부시다. 이곳 항주[항저우]는 저장성의 성도이다. 푸춘강 하류 유역뿐 아니라 수력발전소가 있는 신안강 유역까지 넓은 지역을 관장하고 상해만으로 흘러들어오는 첸탕강 어귀의 북안에 있다.

진대에 처음 첸탕 현이 들어섰고, 오대에는 오월의 수도였다. 남송도 이곳을 수도로 삼았으며, 명·청 시대에는 부로 승격하였다. 909년 상해로 가는 철도가 개통되고 1937년 장시성·후난성으로 가는 철도가 건설되면서 상해의 상업적 역할이 커졌다.

1937~1945년에는 일본에 의해 점령되었다. 1949년 이래 중국 정부는 상해의 풍치지구와 관광명소를 보존하면서 공업 중심지로도 발전시켰다. 또한, 문화의 중심지로 항저우대학교, 저장대학교, 저장농업대학과 그 밖의 많은 고등교육기관이 있다.

안후이(安徽)성 남부에 있는 황산 풍경은 1990년 유네스코세계유산위원회에 의해 세계문화 및 자연유산으로 등록된 중국의 10대 관광지로서 경관을 자랑하며 해마다 수많은 관광객이 북적댄다. 이번 여행에는 일정에 없는 안후이(安徽)성을 가보지 못해 무척 아쉬웠다.

여행의 즐거움은 시각과 미각에 있다 해도 과언이 아니다. 보이는 모든 것은 새롭다. 이곳 음식들이 입맛에 맞을지가 걱정이었다. 혹시나 해서 컵라면 몇 개를 지참했고 형제들은 고추장과 깻잎장아찌, 김치와 김, 그리고 더덕무침까지 준비해왔다. 매콤한 사천요리와 소동파가 즐겨 먹었다는 동파육, 마파두부 등 특별하게 거부반응은 없었다. 그래도 몇 끼를 먹고 나니 김치와 된장국이 그립다. 이곳에서는 호텔을 대주점(大酒店)이라 한다. 우리가 묵은 호텔은 조용하고 깨끗했다. 종일 관광버스를 타고 구경하다 보면 하루가 금방 지나가고 호텔에 돌아오면 자정에 가까운 시간이 되었다. 자유여행과 단체여행의 장단점은 있기 마련이다. 이번 여행에서 중국어와 약식으로 표기한 한자를 모르다 보니 정확한 뜻을 잘 몰라 매우 답답했다. 눈앞을 스치는 새로운 풍광에 매료되어 여행안내원의 설명은 귀가로 스쳐 지나갔다.

서호(西湖) 가는 길은 일요일인데도 정체와 지체를 반복했다. 도롯가 양쪽으로는 수림이 울창하고 가로수 플라타너스는 모양이 독특했다. 사람 팔다리처럼 제멋대로 자란 아름드리가로수들은 우리의 시선을 유혹했다. "너희 나라에 우리 같은 나무 못 봤째?" 여행안내원에게 물었더니 가지치기를 하지 않아 제멋대로 자라 그렇게 되었다고 했다. 나의 눈에는 신기하기도 했다.

"하늘에는 천당이 있고 지상에는 항주와 소주가 있다."라는 말처럼 항주의 지상낙원 서호는 (西湖)는 항주의 대명사라고도 할 수 있다. 항주는 4천 년 전부터 고대 문화인 양저(良渚) 문화가 번성하였으며 춘추시대에는 오·월 두 나라가 패권을 다툰 곳이기도 하다. 진(秦)나라 시황(始皇帝)이 6국을 통일한 후 이 지역에 전당현(錢糖縣)을 설치한 것이 항주 역사의 시작이었다. 도시 명칭은 수(隨) 개성(開星) 9년(589)에 처음 쓰였으며 그 후 항주는 오월(893~978년) 남송(1127~1279년)의 도읍으로 번성하였다.

2차 세계대전 이후 절강성의 정치·경제·문화의 중심지가 됐으며 서호(西湖)를 중심으로 한 명승지 항주는 중국 화동 지방의 고도(古都)이다. 서호는 원래 첸탕강(錢塘江)과 연결된 해안의 포구이며 진흙·모래로 막혀 육지의 인공호수로 조성된 곳이다. 3면이 산으로 둘러싸여 있는 서호는 계절마다 독특한 아름다움을 지니고 있어 여러 번 보아도 그때마다 새롭게 느껴지는 곳이다. 서호가 풍경과 명승지를 형성할 수 있었던 까닭은 아름다운 산수의 지세를 지녔을 뿐 아니라 14명의 제왕의 수도였던 항주에 있기 때문이다. 특히 남송(南宋)왕조 이래 항주가 성도가 된 후 서호 부근에는 관료와 부호가 운집했고, 그들의 정치적 배경이 되어 많은 문인과 묵객들의 소재가 되어 시와 그림으로 옮겨졌다.

또한, 이곳은 중국의 4대 미인 중 하나인 서시(西施)의 고향이고 미인과 용정차로 유명하며 중국 10대 명승지 중 하나이다. 월나라 미인 서시(西施)에 비유해 '아침에도 좋고 저녁에도 좋고 비 오는 날에도 좋다'고 할 만큼 아름답다는 것이다. 일명 서자호(西子湖)라는 이름도 소동파가 서호의 아름다움을 월나라의 이름난 미인이자 오나라를 망하게 했던 항주의 여인 서시에 빗대어 붙인 이름이다. 소동파는 생전에 항주 백성들이 그의 행적을 기리고자, 누각 가운데 그의 초상을 모셔놓고 생사(生祠)를 삼았다고 한다.

우리 일행은 화황공원에서 서호를 유람할 수 있는 매표소까지 걸었다. 공원에는 내외국인 관광객들로 북적댔다. 공원의 산책길에는 동백꽃이 붉게 피어있고 이름 모를 나무들이 잘 조성되어 있었다. 녹색공원으로서 고풍이 스며있는 공원으로서 손색이 없었다. 서호십경의 화황관어도 구경했다. 중국 여러 지방에서 단체관광 온 중국 내국인들의 말투가 우리 경상도 사투리보다 더 시끄럽다. "와, 중국 사람들 말소리가 싸움하는 것 같데이"

바다처럼 넓은 서호를 유람하다 보니 마음이 바람처럼 시원하다. 서호에 떠 있는 많은 유람선은 은빛 물결을 가르며 봄날을 즐기고 있었다.

빡빡한 일정을 소화해내는 것도 쉬운 일은 아니다. 여행안내원의 통솔에 잘 협조해야 가능한 일이다. 한사람의 실수로 다른 사람에게 피해를 줄 수 있는 것이 단체여행이다. 우리 일행은 일사불란하게 잘 따르고 협조했다.

서호를 유람하고 느지막한 오후에 송성(宋城)으로 이동했다. 이름만 듣던 그 유명한 '송성가무쇼'이다. 남송(南宋)시대에 있던 성곽을 그대로 재현해 놓은 항주의 대표적인 테마파크인 송성은 건물은 물론 문화나 풍습, 복식도 재현해 테마파크 안에 들어서면 마치 남송시대로 여행 온 듯하다. 송성테마파크에는 한마디로 인산인해다. 어디에서 모여든 사람들인지 놀랍다. 역시 세계 3대 쇼답다. 매일 3000석 규모의 자리가 꽉 찰만큼 큰 인기를 누리고 있다. 이 공연을 위해 송성그룹에서 80억 원을 투자해 대형극장을 만들었고, 제작비 또한 56억 원을 들여 첨단 과학기술이 결합해 환상적인 무대를 선사한다. 200여명의 배우들이 매일 출연하는 만큼 스케일 또한 남다르다.

송성가무쇼는 총 5막으로 이뤄졌다. 제1막 양저지광(良渚之光)은 문명의 태동 5천 년 전 석기시대로 돌아가 단발문신의 원시인 춤이 현란한 조명과 요란한 음악 속에 펼쳐진다. 제2막 송궁연무(宋宮宴舞)는 송나라의 창궐과 남송의 가장 융성했던 때를 각종 음악과 춤으로 묘사한다. 제3막 금과철마(金戈鐵馬)는 금나라의 침략과 악비(岳飛) 장군의 항전을 씩씩하고 웅장한 남성적 군무와 전투장면으로 재현했다. 제4막 서자전설(西子傳說)은 각종 전설과 이야기들을 춤과 다양한 연출로 보여준다. 제5막 매력항주(魅力杭州)는 아름다운 도시 항주를 미녀들의 춤과 무수한 나비 이미지로 형상화했다. 하지만 송성가무쇼는 한국인들에게 슬픈 역사를 보여주기도 한다. 2막에 나오는 송중연무에서 한복을 입은 무희들이 부채춤을 추고 아리랑과 함께 상모 돌리기를 하면서 한국 관광객들은 모두 와~ 하고 함성을 지르는데 여기에도 곡절이 있을 것 같다. 아리랑이 마음 깊숙히 와 닿지 않았다. 좀 낯설었다.

거대한 중국도 이제는 어느 정도 여유가 묻어나온다. 여행의 즐거움을 아는 듯 온통 사람들로 넘쳐난다. 차창 너머로 펼쳐지는 거대한 땅 중국의 봄날을 따뜻하다. 농촌 들녘이 스쳐지나가고 드문드문 모여 있는 마을은 3층짜리 단독건물들이다. 가끔 오성홍기가 나부끼기도 한다. 다시 황주 시내로 들어와 서커스로 관람하고 어둑어둑해서 오산(吳山) 성황각에 올랐다. 성황각은 중국의 4대 누각 중 한 곳이다. 오나라 왕 손권이 진을 쳤던 곳으로 유명하다. 4층 난간에 오르면 동쪽으로 첸탕강, 북쪽으로는 항주 시내, 서쪽으로는 서호가 한눈에 내려다보인다. 4층에 전시한 남송 시절 궁궐 조형물과 풍습도가 담긴 전시물을 구경하고 항주 시내의 야경을 구경했다. 시간 상 구경을 다 못하고 걸어서 오산공원을 내려와 '청하방옛거리'를 구경했다. 청하방은 민속, 중약, 시전, 음식 등 4대 문화를 융합한 거리가 되었다. 빗방울이 떨어지기 시작한다. 주어진 30분이 금방 지나갔다. 명동 못지않게 볼거리가 많았다. 옥 공예품이며 비단 용품이며 멋거리로 활기가 넘쳐났다. 구경도 구경이지만 집 떠나오면 고생이란 말이 퍼뜩 떠올랐다. 내일의 여정을 위하여 숙소로 향했다.

거대한 땅, 중국에 가다 3

 이틀 묵은 항주 저장 두하오호텔 (Zhejiang Duhao Hotel)에서 아침 식사를 하고 아침 8시경에 주장(周庄)으로 출발했다. 우리가 이틀 묵은 호텔은 비교적 깨끗하고 불편함도 별로 느끼지 못했다. 객실에서는 와이파이가 잘 터져 아들과 카톡도 하고 보이스톡으로 통화도 했다. 대한민국만큼 인터넷 산업과 통신망 구축이 잘 된 나라도 없다고 새삼 느낀다. 중국도 한국처럼 5일 근무제라 한다. 아침부터 항주 시내를 빠져나오는데 시간이 지체되었다. 고속도로는 한산하다. 광활한 들판이 마구 스쳐 지나간다. 우리를 태운 관광버스는 약 1시간 20여 분을 달려 주장(周庄) 수향마을(水鄕村) 입구에 도착했다. 수향마을에 들어서자마자 과거 명나라와 청나라로 추억여행 온 기분이다. 그때의 고풍스러운 건축물들이 아직도 잘 보존되고 있었다.
 좁은 수로에는 나룻배가 평화롭게 줄지어 떠간다. 수로 양쪽으로 빼곡하게 들어선 집들은 낡은 살림집들이다. 수로와 집 높이가 엇비슷해 홍수나 장마로 인해 피해가 오면 어쩌나 걱정된다. 수로 물을 떠 걸레를 빨고 그 물을 다시 수로에 버리는 장면이 왠지 낯설다. 여섯 명이 탄 우리 배가 수로를 따라 유유히 미끄러져 갈 때 수로 옆에 정착해 있는 나룻배의 처녀(?) 뱃사공이 구릿빛 웃음을 지어 보였다. 뱃사공과 몇 마디 대화를 나누고 싶어도 말이 안 통해 답답하다.

배에 오르기 전 쌍교에서 사진 몇 장 찍고 명나라와 청나라의 고택들을 둘러봤다. 이곳 주장은 중국 강남의 정원문화를 대표하며 주장은 강남의 수향마을을 대표한다. 수향마을의 멋은 명·청대의 100여 채나 되는 고택과 운하를 가로지르는 24개의 돌다리가 운치를 추가한다. 돌다리를 만지면 사랑이 이루어진다고 하여 수많은 사람의 손길이 닿아 반질반질 윤기가 있다. 수로에서 바라본 쌍교는 아까 본 것보다 더 운치가 있어 보였다. 쌍교는 이곳을 대표하는 명소이다. 사진을 찍으려는 사람들로 번잡하다.

바로 여기가 화가 진일비(陣逸飛)의 그림 '고향의 추억'으로 유명해진 쌍교다. 골목마다 볼거리가 많았다. 거부 심만삼의 사가(私家) 1층에는 많은 자녀를 위하여 별도 공간을 마련해 이복형제 자매들이 한자리에서 공부했다고 한다. 심만삼(沈萬三)의 고택도 구경할 만한 하다. 여러 명 아내가 낳은 아이들을 한

자리에 모아놓고 교육하는 방이 눈길을 끈다. 겨우 발끝만 걸쳐질 정도로 가파르고 좁은 계단을 통해 2층으로 올라가면 이 집의 딸들이 신랑감을 선봤다는 쪽문도 있다. 돼지 허벅지살로 족발처럼 만든 최고의 '만삼제(만삼 족발)'로 유명하다.

집 안뜰까지 운하가 연결되어 있어 집안에서 배를 타고 각처로 왕래할 수 있도록 설계되었다는 장 씨 고택을 보면서 당시 부호들의 여유로운 생활상을 엿볼 수 있었다. 고색창연(古色蒼然)이란 말을 붙여도 전혀 손색없는 마을이다.

수향마을 뒷골목을 가로질러 주차장으로 돌아오는데 서민들의 생활상을 엿볼 수 있었다. 폐허 같은 집에서 아이의 울음소리가 들리고 빨랫줄에는 낡은 빨래가 삶의 고달픔을 말해주고 있다. 사람 사는 세상은 어디든 양지와 음지가 있게 마련이다. 보여주고 싶은 곳과 감추고 싶은 곳이 있음을 백분 이해한다.

3박 4일 짧은 여행에서 중국의 눈부신 발전상과 사람들의 여유로움을 느낄 수 있었다. 많은 곳을 정신없이 돌아다니다 보니 찬찬히 구경할 수 없었지만, 그래도 다행인 것은 여행안내원의 세부적인 설명 덕분에 이해가 좀 빨랐다. 주장에서 상해로 돌아오는 길에 홍차오 공항(Hongqiao Airport) 근처 한국식당에서 삼겹살에 시래기 된장국으로 점심을 했다. 한국 사람은 역시 한식이 최고인 것 같다. 도톰한 삼겹살 익는 소리에 하루의 피로가 풀리는 듯 "여기요? 삼겹살 한 접시 더요!" 삼겹살에 우리 소주

한잔하는 것도 별미였다. 애주가였던 나는 술 끊은 지가 5년이 되었다. 한 잔 마시고는 싶었는데 나와의 약속을 지키기 위해여 꾹 참는다. 오늘 밤만 자고 나면 내일은 한국으로 돌아간다.

 이번 여행은 형제들 부부동반이라 재미있는 에피소드도 많다. 형님은 호텔 방 카드키를 손에 지참하고도 카드키 없다고 형수님과 다투고 아내는 나하고 다시는 여행 함께 안 다닌다고 한다. 음식을 가리는 누나가 중국음식 안 먹는 것을 두고 성을 내는 매형, 아침 식사를 하고 다시 호텔 방으로 올라왔다 내려가는 거로 의견이 갈리는 자형과 누나, 항상 사소한 거로 말로 싸우는 것이 부부싸움이다. 잠시 토라졌다가 다시 다가서는 칼로 물 베기의 법칙은 어디에서나 유효하다. 상해의 몇 군데를 더 구경하고 어둠이 깔린 늦은 시각에 우리는 구오만 상하이호텔(Guoman Shanghai hotel)로 왔다. 늦은 시각인데도 호텔 로비에는 사람들이 모여 있다. 고층 숙소에서 바라본 창밖에는 불빛만 보일 뿐 세상이 고요하다.

 이곳으로 다시 여행할 기회가 주어진다면 좀 더 알찬 여행이 될 것 같다. 휴대전화기에 저장된 수많은 사진을 넘기면서 기행수필을 쓰고 있는 나는 행복하다. 사진을 넘길 때마다 그곳의 풍경들이 눈앞에 아른거린다.

팔월산

 이런 날에는 누구나 누구에게 함부로 산에 가자는 말을 하지 못한다. 산에 갔다가는, 사람 잡을 수 있기 때문이다. 팔월의 태양은 눈부시고 유난히 강렬하다. 폭염은 멈출 줄 모르고 연일 지구를 데운다. 재수 없으면 단 하나뿐인 목숨, 염라대왕에게 상납할 수 있다. 아찔한 순간 등짝에서 육수가 뜨끈하게 흘러내린다. 산모기가 살 냄새를 맡고 군침을 삼기며 접근하고 있다. 보신하러 산에 갔다가 산모기의 먹잇감이라니 이놈들이 산 중턱까지 따라온다. O형의 피 맛이 맛있다는 소문을 모기 녀석들이 엿들었나 보다. 고얀 놈들이라고,
 도정봉 등산로는 고요하다. 바짝 마른 등선 가장자리에 풀잎들이 폭염에 힘겨워한다. 상수리나무에서 참매미가 목청을 높인다. 맴맴 매~엠 소란스러워도 정겹게 들려온다. 쉬엄쉬엄 오르다 보면 어느덧 눈앞에 산꼭대기가 펼쳐진다. 경사진 바위에

오수를 즐기고 있는 뱀을 바라보기도 한다. '뱀만은 길다' 뱀을 건드리지 않고 우회로로 올라간다. 뱀을 잡고 바위를 타고 오르다가 일사병에 기절할 수 있다는 생각이 퍼뜩 들었다. 뱀 닮은 외줄 밧줄이다. 발자국을 옮길 적마다 버겁다. 그늘을 찾아 두리번거린다. 눈 앞에 펼쳐지는 한 폭의 수채화가 싱그럽지만, 그냥 외면하고 쉬고 싶다. 거기까지는 150m쯤 남았다. 소나무가 우거진 너럭바위에 드러누워 눈을 감는다. 아무 생각이 없다. 내려가기도 올라가기도 싫어진다. 사람이 삶에 지치면 그냥 현 상태로 머무르고 싶을 때가 있는 것처럼 그냥 생각 없이 머무르고 싶다.

여름 산행은 다른 계절 산행보다 조심하고 주의해야 한다. 날씨 탓으로 탈진하기 쉽고 일사병에 노출되기 쉽다. 물을 충분히 준비하고 무리한 산행은 금물이다. 혼자 하는 산행도 위험하다. 불현듯 불길한 생각이 스쳐 간다. 가족에게 유언장이라도 카톡으로 날릴까 보다. 사람 일이란 아무도 모른다. 바위틈에 노랗게 핀 원추리가 예쁘다. '그대는 무슨 사연으로 이 중턱에 혼자 피어 있는고?' 꽃에 말을 걸어 본다. 꽃은 아무 말 없이 미소만 띠고 있다. 싸리나무와 상수리나무는 목이 탄다. 이럴 때는 소나기라도 한바탕 오면 좋으랴만 태양이 원망스럽다.

배낭을 바위 위에 내려놓고 생수병을 딴다. 물이 미지근하다. 그래도 물맛은 최고다. 땀 범벅된 얼굴에 염분이 달짝지근하다.

동막봉에서 도정봉 꼭대기를 다시 바라다본다. 나무계단이 눈에 들어온다. 잘 설치한 계단을 한 땀 한 땀 오른다. 오를수록 숨소리는 가파르다. 계단에 주저앉아 잠깐 쉰다. 땀으로 흠뻑 젖은 사람이 드문드문 지나간다. 모두 힘겨워한다. 다시 힘을 내어 계단을 오른다. 도정봉 정상에 태극기가 눈에 들어온다. 태극기는 여전히 잘 있다. 아무도 없는 너럭바위에 앉아 세상을 굽어본다. 의정부 시내가 한눈에 들어오고 저 멀리에 도봉산과 사패산이 가까이 펼쳐진다.

 잠시 머물다가 내려가야 하는 운명처럼 아쉽다. 오를 때도 조심해야 하지만, 내려갈 때도 더 조심해야 한다. 긴장이 풀려 집중력이 흐트러질 수 있다. 그러면 예상치 못한 일이 발생하여 즐거워야 할 산행이 불행해질 수 있다. 계곡 길은 미끄럽고 가파르다. 돌부리도 조심해야 한다. 산모기 군락지인지 내 몸 주변에 산모기가 날아다닌다. 모자를 벗어 모기를 쫓으며 한참을 내려와야 했다. 이제는 평지다. 잠시 눈을 돌리니 기이한 형상과 마주하게 된다. 조물주의 위대한 예술품이다. 찬찬히 감상하노라면 웃음이 피식 나온다. "고개 숙인 남자를 당당하게 바라보는 여심의 미소"라 이름 붙여도 손색없을 정도로 오묘한 석인이다.

 산 발자국이란 말 들어보았는가? 물 발자국, 군사력 발자국, 탄소 발자국은 들어봤지만, 이것은 아직 들어보지 못했다. 산에 오르되 산 발자국일랑 남기지 마라, 흔적 남기면 산이 아프다. 흔적은 산에 남기지 말고 가슴에 남기고 종이에 남겨라, 그러면 산 발자국도 지우지 않아도 된다. 산을 사랑하는 사람은 산 발자국을 남기지 않는다.

3부

내 인생, 나의 인생

단칼에 베어라

　금연구역 내에서는 담배의 기원이나 담뱃값에 대해서 알려고 하지도 않는다. 담배와는 무관하기 때문이다. 금연구역 안으로 담배 연기와 담배 냄새가 스며들면 구역질이 나고 토기가 올라온다. 지금 옆 사무실 누군가가 담배를 피우고 있다. 담배 냄새가 염치없이 기웃댄다.

　나는 담배와의 이별을 선언한 지 10년 됐다. 지금은 담배의 미련이 손톱만큼도 남아 있지 않다. 아는 사람들은 나를 두고 '정말로 독한 사람'이라 한다. 삼 년이면 개가 풍월을 읊을 정도로 짧은 시간은 아니다. 어떤 사람은 10년을 금연하고도 담배 유혹에 못 이겨 다시 흡연을 시작했다는 이야기가 들려온다. 그만큼 담배 끊기가 어렵다는 것이다.

　'그깟 담배가 무엇이기에 목숨 걸고 끊니, 안 끊니, 야단법석이란 말이냐?' 애연가들조차 담배가 백해무익한 걸 동의하면서도 끊지 못하는 것은 쇠귀에 글 읽기와 마찬가지이다. 담배는 만성폐쇄성폐질환, 폐암 등의 폐 질환과 심근경색, 뇌졸중 등 심혈관계 질환은 물론 황반변성 등의 실명 질환도 유발한다. 담배를 피울 때, 타르, 니코틴 등 4천여 개의 화학물질이 발생하고 50~60종류의 발암물질이 나오는 것으로 밝혀졌다. 독성물질은 흡연 시 각종 화학작용을 일으켜 질병의 원인이라는 것은, 이제 상식이다. 흡연으로 생길 수 있는 질병, 생각만 해도 끔찍하다. 그들은 흡연으로 인해 수명이 짧아진다 해도 개의치 않는다. 좋아하는 담배나 마음껏 피우다 저세상으로 가겠단다. 하지만 큰 병에 걸리면 과연 그런 생각이 유효한지 알게 된다. 자유민주주의 국가에서 금연을 강제할 재간은 없다.

애연가들 반론도 만만치 않다. 그들은 흡연이 작업능률과 인지능력뿐만 아니라 기억력을 향상하고 스트레스를 해소, 집중력 강화, 마음을 진정시키는 등의 효용성이 있고 신경성 뇌 질환에도 좋다고 흡연의 당위성을 강조한다. 이들의 주장이 어쩌면 금연에 대한 변명일지도 모른다. 어떤 변명에도 불구, 담배는 우리의 뇌를 중독시켜 삶을 송두리째 마비시키는 유해 식품이다.

수년 전만 하더라도 텔레비전 연속극이나 담배광고에 흡연을 부추기는 장면이 멋져 보인 적도 있었다. 특히 술·담배가 문학인들에게 화제가 되기도 했다. 그것이 잘못 전달되어 문학 하는 사람 모두를 골초로 보는 경향이 있다.

 나도 담배를 끊기 전까지는 담배 때문에 곤욕을 치렀다. 퇴근하면 재떨이가 온다고 핀잔주는 아내와 다투기도 많이 했다. 금연을 선언해놓고 몰래몰래 흡연하기도 했다. 호주머니에 담배가 없으면 불안했다. 내 몸에서 나는 담배 냄새가 남들에게 피해가 된다는 것도 심각하게 생각지도 않았다. 담배 때문에 나 자신의 양심을 속이면서까지 담배를 애호했었다. 경험으로 봐서 자신과 가족들 건강을 위해서라도 금연은 빠를수록 좋다. 애연가들끼리는 담배 인심 또한 후했다. 그 후한 인심도 이제는 사라져야 한다.

 요즈음 흡연자는 솔직히 말해 환영받지 못하는 신세로 전락했다. 이제 흡연도 남의 눈치를 보면서 숨어 피우는 초라한 운명을 맞았다. 그래도 좋단다. 가정에서도 직장에서도 공공장소에서도 환영받지 못하면서 계속 담배를 고집하는 이유는 단 한 가지뿐이다. 금연할 의지가 없다는 것이다. 담배도 피워보니 습관성이고 중독성이라는 걸 알 것 같더라.

 지정한 흡연 구역에서 담배를 피우면 누가 뭐라고 할 사람은 없다. 하지만 비흡연구역에서 숨어서 담배를 피우는 사람이 너무나 많다. 간접흡연을 제공하는 이런 행위는 근절되어야만 한다. 특히 걸으면서 담배를 피우는 사람 옆을 지나칠 때면 재떨이가 움직이는 기분이다. 엘리베이터 안에 흡연자가 타면 담배 냄새 때문에 사람들은 손으로 코를 가리고 얼굴을 찡그리고 고개를 돌린다. 그래도 흡연자는 담배 냄새가 지독한지를 실감하지 못한다. 담배에 찌든 고리타분한 냄새에 질식할 것만 같은 한 가지만 보더라도 금연은 빠를수록 좋다.

2015년 1월 1일부터 담뱃값 이천 원 인상 범정부 추진안을 놓고 찬반이 엇갈려 의견이 분분하다. 정부안은 담뱃값에 물가상승률을 반영해 지속해서 인상되도록 물가연동제를 도입함으로써 흡연인구를 줄여 국민건강증진에 이바지함에 목적이 있다. 이를 반대하는 흡연자들은 담뱃값 인상으로 흡연자들의 기본권을 빼앗고 물가상승을 부추겨 흡연율 줄이는 데는 효과가 없다며 반대하고 있다.

현재 우리나라 담뱃값은 2004년 이후 10년째 동결되어 담배의 실질 가격이 하락하고 있으며, OECD 34개국 중 최저 수준으로 상당 폭의 가격 인상이 필요하다. 담뱃값만 올린다고 흡연자 전체가 금연하리라고는 보지 않는다. 몸 깊숙이 배인 타르, 니코틴 등 유해물질의 유혹을 뿌리치기란 쉽지 않을 것이다. 흡연으로 인한 위험성을 주기적으로 주입하고 각인시키고 흡연으로 인한 경제적 부담과 손실을 줄이는 방안을 모색해야 한다.

요즈음 담배를 아무 곳에서나 함부로 피웠다가는 죄인 취급을 받고 과태료를 물게 됐다. 이렇게 천대를 받아도 계속 흡연을 고집할 것인가? 당신의 폐와 염통이 새까맣게 썩어가고 당신의 사랑하는 가족이 고통받고 있는데도 흡연을 고집할 것인가? 대답하라! 금연은 단칼에 끊어야 효과가 있다. 나는 이렇게 독하게 마음먹고 금연했다. "이 좋은 세상 금연하고 좀 더 오래 살 것인가 아니면 흡연하고 이 자리에서 바로 죽을 것인가? 너 자신이 선택해라!"

금연을 실천하니 주변 사람들의 칭찬이 자자하다. 만나는 사람마다 얼굴 혈색이 좋아지고 점점 젊어진다며 부러워한다. 몸도 흡연 때보다 훨씬 가뿐하고 정신도 맑아 좋다. 담배 끊어 담뱃값 벌고 참 좋다.

십만 불의 약속

　서랍 속에서 여권을 꺼내 본다. '장롱 여권'이다. 19년 전 처음 만든 구여권 뭉치다. 여권은 내 직업과 인연이 깊다. 금속도 사람처럼 주민등록증이 있다. 금속과 친해지려면 금속에 관해 많이 알아야 한다. 사람들 겉과 속이 다르듯이 금속도 겉보기에는 같아 보이지만, 겉과 속이 다르다.

　금속[Metals/Material]을 살펴보면 지구상에 존재하는 약 70종의 원소를 총괄하는 집합체, 원소가 규칙 바르게 배열한 결정으로서 금속의 결정은 불투명이고 특유의 금속광택을 가지며 전성과 연성이 풍부하고 전도율이 높고 내산화성, 내식성 내열성이 중요시한다. 상온에서 수은을 제외하고는 고체이다. 금속은 두 종 이상의 원소와 융해 혼합하고 있는 합금(Alloy)은 그 종류가 다양하고 많다. 가격도 종류에 따라 천차만별이다. 금값보다 비싼 것과 심지어는 아파트 한 채보다 더 비싼 금속도 있다.

개중에는 사람의 이름을 붙인 금속도 있다. 예를 보면 모넬(Monel)이란 금속은 1906년 미국인 '엠보르스 모넬(Amberose monel)'이란 사람이 발명한 니켈(Ni), 구리(cu)의 합금이다. 이 금속은 광범위한 부식 조건에서 뛰어난 내식성을 갖는 합금으로 높은 인장력과 우수한 용접성을 보유하고 있어 밸브, 펌프축, 하스나, 전자 전기부품, 석유화학 관련 설비, 발전소 급수 예열설비, 열교환기, 화학공업용 용기, 터빈 블레이드, 스프링, 안경 재료 등 다양하게 사용한다. 모넬은 모넬 400을 비롯하여 모넬 401, 등 몇 종류가 더 있다. 종류에 따라 물리적 성질과 기계적 성질, 용도 특성 등이 다르다.

나는 금속과 함께하면서 금속은 절대로 사람을 속이지 않는다는 확신이 있다. 하잘것없는 작은 부품 하나가 잘못되어도 큰 문제가 생긴다는 교훈은 최근 광명역에서 발생한 KTX 선로이탈 사고에서 보았다. 7mm 암나사(nut) 한 개가 이번 사고의 원인이라니 안타깝기 그지없다. 이 사고의 원인도 금속과 관련 있기 때문이다. 금속을 취급하고 다루는 사람은 기술과 정성, 그리고 애정이 있어야만, 우리에게 도움이 된다. 우리 주변 곳곳에는 온통 금속으로 이루어졌다 해도 과장된 말이 아니다. 금속은 그만큼 우리 생활과 밀접한 관계를 맺고 있음으로 등한시할 수 없다. 심지어 우리 몸에 한두 개 희귀 금속으로 치장하고 있다.

금속과 함께한 지난날을 뒤돌아보면 소중했던 추억이 참 많다. 미국 파트너와 약속했던 '10만 불의 약속'이 불현듯 떠오른다. 한 번에 10만 불어치 주문받으면 미국에 출장 가겠노라, 고 큰소리쳤던 일이다. 작은 규모의 오퍼상이 한 번에 10만 불짜리 주문받기란 쉬운 일이 아니다. 이 정도의 금액이라면 대기업은 외국 지사를 통해 수배하거나 유수 제조사와 직거래하기 때문이다. 이 목표를 몇 년 전에 달성하고 여권을 만지작거려본 적이 있었다. 이 목표는 사업하고 꼭 15년 만에 이루어졌다. 다른 사람은 몰라도 나에게는 참 대단한 일이다. 미국 출장은 연기되었지만, 언제든지 유효하다.

요즈음은 금속과의 사랑이 식었는지 아니면 싫증났는지 금속을 사모하는 경쟁자가 많아서인지 사랑에 재미가 없다. 이러다가 내 밥줄이 끊기지 않을까 걱정도 되고, 이래저래 고민이다. 오늘은 원자재 입찰하는 날이다. 보름 전 K 연구소 쪽에 원자재 견적을 했다. 예전에는 입찰에 직접 참여했지만, 지금은 입찰조건이 바뀌어 지역 경제 활성화 시행으로 직접 참여가 불가하다. 협력 업체를 통한 공개입찰은 수주하기가 엔간히 어렵다.

티타늄 물고기

경기가 어렵다! 어렵다! 해도 다들 즐기면서 사는 걸 보면 신기하기만 하다. 나도 마찬가지이다. 장기적인 경기침체로 위기감마저 생긴다. 이러다가 살림살이가 거덜 나지 않을까? 걱정된다. 그렇게 되면 나의 노후대책은 어떡해? 나만 그런가? 별별 생각이 다 든다. 일감도 없다. 한가할 때 글이라도 쓰면 마음이 좀 편해질런가? 컴퓨터를 켜고 잠시 고개를 들어본다. 눈에 들어오는 것은 벽에 걸려 있는 그림 한 점이다. 사무실을 방문하는 사람마다 물어본다. "저 그림 무슨 그림이에요?" "참 아름답고 멋져요!" "네 그렇습니까? 감사합니다." 이 그림은 내가 애지중지하는 티타늄 그림이다. 20여 년 전 일본 거래처에서 사무실 이전 축하선물로 보내온 귀한 그림이다.

이웃 나라 일본만 하더라도 티타늄 관련 기술과 문화가 잘 발달하여 있다. 일본에서는 다양한 티타늄 제품을 흔하게 접할 수 있다. 티타늄은 우주 항공산업, 해양산업, 화학 공업 산업, 레저 스포츠산업, 반도체 산업, 예술 공예산업, 의술 등 우리 생활 전반에 적용하고 있다. 장식 구류는 반지와 목걸이, 시계, 팔찌, 피어싱, 치아, 인공 뼈, 인공 심장 등이 있고 스포츠 레저 쪽으로는 요트, 테니스 라켓, 구명복 등이 있다. 고급 승용차의 힐, 기어 등에 적용하며 생활환경에는 건물 기둥이나, 간판 가드레일 심지어 주방용품에도 티타늄 제품이 있다. 예술 공예 분야에서는 조형물, 그림 명패 등이 있다.

그래서 사람들은 티타늄을 꿈의 금속, 미래의 금속이라 말하기도 한다. 앞으로도 티타늄 못지않은 새로운 금속이 계속 개발되리라고 보지만, 티타늄을 능가하는 금속 출현은 그리 많지 않을 거로 생각한다. 지난 8월에는 국내 연구진이 금속기판에 형성된 그래핀(전기가 잘 통하고 뛰어난 탄성을 지닌 미래 신소재)을 원하는 기판으로 직접 전사(轉寫)하는 기술을 개발해 멀지 않아 그래핀 상용화 길을 열리나 하고 신기술개발에 마음 설레게 했다.

금속과 친해지다 보니 이제는 금속을 사랑하지 않고는 못 견딜 정도가 되었다. 한마디로 금속이 좋아 죽을 지경이다. 금속은 절대로 남을 속이지 않는다. 과묵하다. 그리고 인간에게 편리함과 삶의 질을 제공하는 유용한 물질이다. 금속과 인간은 오랜 세월 동안 관계를 맺어오고 있다. 금속 없는 세상을 생각해

보면 이해가 될 것이다. 우리 주변은 온갖 금속으로 채워져 있다고 해도 과언이 아니다. 눈만 살짝 돌리면 온통 금속이다. 물론 금속으로 만들어진 핵무기 등 첨단과학 무기 등을 잘못 사용하면 가공할만한 살생을 가져온다.

나는 티타늄 물고기만큼 평화롭고 신비한 그림은 아직 보지 못했다. 물론 인간의 기술력으로 창조한 창작물이지만 고요가 흐르는 미지의 아름다움이다. 티끌 한 점 없이 숨어 보이는 생명체처럼 신비할 뿐이다. 인간들에게 즐거움을 주기 위한 너, 네가 있어 내가 즐겁다. 티타늄 물고기야! 고맙다.

   파란 장미꽃
   숨어 보이는 물고기 몇 마리
   기다림으로 헤엄치고
   무지갯빛 그물에 달빛 걸렸네
   무슨 인연 있기에
   저마다 소리로 헤엄치고 있나
   지느러미 그리움 한 타래
   산호 숲 물길로 느린 세상 기다린다

   숲 그림자 움직인다
   하늘을 닮고 땅을 닮고

사람을 닮은 물고기 몇 마리
눈알은 보름달을 닮았다
헤엄치는 그리움 하나
헤엄친다 그리움으로,

-시(詩) '티타늄 물고기' 전문

  티타늄 그림을 바라보고 있으면 추억이 살아난다. 25여 년 전 티타늄을 좀 더 알고 싶어 일본에 열흘간 체류한 적이 있었다. 티타늄 기술을 익히고 직접 티타늄 용접을 체험하기 위해서다. 일본인들의 장인정신을 대단한 자긍심과 자존심이 배어 있었다. 용접기술자도 장기근속한 장년층이 대부분이었다. 티타늄 용접은 다른 금속류에 비해 용접이 어렵다. 용접은 고순도(99.99%) 아르곤가스나 헬륨가스로 진공상태에서 해야 한다. 그래야만 용접 부위에 산화가 되지 않는다. 처음 해보는 용접은 힘들었지만, 보람이 있었다. 토치에서 뿜어져 나온 무지갯빛 불꽃을 아직도 잊을 수 없다.

아프지 마

아픈 사람만 보면 공연히 화가 난다. 내가 아파봐서 잘 안다. 아픈 사람에게는 아파 죽을 지경까지 가봐야 아픈 것이 어떤 것인지를 안다. 아프면 치료를 받아야 한다. 병이 찾아오는 조짐은 나타나기 마련이다. 인지를 못 했을 뿐, 게으른 자는 병을 키운다.

병은 혼자 치료하는 것은 불가능하다. 환자 자신의 의지가 우선이겠지만, 자기 몸에 맞는 병원을 찾아야 한다. 몸에 맞지 않은 병원에 갔다가 치료는커녕 병만 더 키우는 예도 있다. 병을 치료하는 데는 의사 선생님 못지않게 가족이나 주변 사람들의 따뜻한 위로나 관심이 필요하다.

몸이 쇠약해지면 정신도 허약해지고 삶에 대한 흥미도 잃게 되어있다. 이렇게 되면 작은 일에도 흥분하고 환청 때문에 잠을 이루지 못하고 헛것이 보이고 귀신에 시달린다.

그러나 아무리 무서운 병이라도 기적이 일어날 수 있다. 나는 그런 기적을 분명히 보았다. 기적의 주체는 환자 본인이다. 병마와의 사투는 어떤 싸움보다 지독해야 하고 의지가 확고해야 한다. 그러지 않으면 그 싸움에서 절대로 승자가 될 수 없다. 병원이나 가족이나 주변 사람들은 병을 고치는 지원군에 불과하다. 종교의 힘도 마찬가지라 본다.

아프면 본인만 손해라는 말 이해한다. 아픈 사람 대신 아플 수도 없고, 걱정한다고 해서 병이 낫는 것도 아니다. 세상이 변해도 한참 변해서 이제는 자기 일이 아니면 어떤 것에도 무관심하다. 저 사람 참 안됐다. 이 정도만 위로받아도 다행인 세상이다. 슬프지 않으려면 아프지 말아야 한다. 부탁한다.

나에게 아들이 하나 있는데 이팔청춘 때 혈액암(호지킨 림프종)이 찾아왔다. 목 부위에 암 절개 수술 후, 방사선 치료를 하고 재발로 몇 차례 항암 치료를 반복했지만, 희망은 보이지 않고 삶이 좌절되는 연속이었다. 마지막으로 희망을 기다렸다. 그것이 자가 조혈모이식 수술이었다. 수술받기 전 아들 체력을 끌어올리기 위해 우리 가족은 십 개월 동안 산행을 하였다. 산행으로 아들 몸 상태는 몰라보게 좋아졌다. 아들의 수술은 산행 덕분에 성공으로 끝날 수 있었고 부활했다. "부활은 예수님만 하는 것이 아니라 우리 아들도 할 수 있었구나!" 폴짝폴짝 뛸 듯이 기뻤다. 이렇게 우리 아들은 죽음의 고비를 몇 번 넘기고 8

년의 투병 끝에 승리자가 되어 새로운 인생을 즐기고 있다.

아들 병이 재발할 때마다 원망도 많이 했었다. 우리나라 최고 병원에서 의술이 이것밖에 안 되느냐? 왜 하필이면 몹쓸 병이 우리 아들이냐? 내가 지은 죄가 커서 아들이 고통받고 있다고 생각하면서 죄인 같은 심정으로 성찰하면서 하루하루를 살았다. 아들도 시간이 흐르면서 부모에 대한 원망이 미안했던지 쑥스러워했다.

새로운 삶에 활력이 넘쳐나 아들은 왼쪽 팔목이 골절되어 8주 진단이 나와 깁스를 하고 다녀도 신이 났다. 이번은 자신의 부주의가 아니라 영화 촬영 팀의 실수로 장비가 아들의 가슴팍과 손목을 덮쳤다. 덤벙대지 말고 매사에 몸조심하라는 아비 말에 아들은 별 반응이 없다. 이제는 제발 아프지 않았으면 좋겠다. 다시 한번 더 아프면 버럭 화낼 거다.

동물의 감정

 동물도 감정이 있는 게 맞다. 동물도 사람처럼 존중받을 권리가 있다. 하지만 사람들은 얼마나 많은 동물이 도살장으로 끌려가고 실험실에서 죽어가고 있는지 알기나 할까요? 이번 추석 명절 연휴에는 버려지는 반려동물 이야기가 나오지 않았으면 좋겠다. 반려동물을 키우는 한 사람으로서 간절한 바람이다.
 애완동물과 반려동물의 개념에는 분명히 차이가 있다. 반려동물(伴侶動物)의 사전적 의미는 "사람과 더불어 사는 동물로 동물이 인간에게 주는 여러 혜택을 존중하여 애완동물을 사람의 장난감이 아니라는 뜻에서 더불어 살아가는 동물로 개칭하였는데 1983년 10월 오스트리아 빈에서 열린 인간과 애완동물의 관계를 주제로 하는 국제 심포지엄에서 처음으로 제안되었다."
 현대사회는 고도의 변화에 따라 인간성은 점차 고갈되어가고 있다. 동물의 세계는 이에 비해 항상 천성 그대로 순수한 편이다. 사람은 이런 동물과 접함으로써 상실되어가는 인간 본연의 성정(性情)을 되찾으려 한다. 그 대상이 애완동물이다.

1983년 10월 오스트리아 빈에서 인간과 애완동물의 관계(the human-pet relationship)를 주제로 하는 국제 심포지엄에서 개·고양이·새·승마용 말 등의 애완동물을 종래의 가치성을 재인식하여 반려동물로 부르도록 하였다. 동물이 인간에게 주는 여러 혜택을 존중하여 애완동물은 사람의 장난감이 아니라는 뜻에서 더불어 살아가는 동물로 개칭하였다.

인간과 더불어 살아가는 동물의 개념은 이제는 낯설지 않다. 반려동물을 키우는 사람이 점점 증가하고 있다. 그들의 마음에는 한결같은 동물 사랑이 있는 것이 맞다. 하지만 그렇지 못한 사람도 있는 것 같아 마음 아프다. 반려동물 키울 마음의 준비 없이 성급하게 입양하다 보니 경제적 부담은 물론, 정신적 부담까지 커 반려동물을 유기한다. 유기된 반려동물이 무슨 죄가 있을까마는 사람이 문제인 것이다. 특히, 명절이나 휴가 때 반려동물로 고민이 많은 것도 사실이다. 마땅히 맡길 곳도 없고 데리고 가자니 난감하고 이럴 때는 스트레스를 많이 받는다. 세상 살면서 100% 만족하면서 사는 날이 얼마나 있을까, 만족이 부족하면 불만이 있을 수 있고, 좋은 것이 있으면 나쁜 것이 있게 마련인 것이 세상 사는 이치이다.

나는 칠 년째 반려견 한 마리를 키우고 있다. 몰티즈 품종인 '요거트'는 귀엽고 앙증맞은 녀석이다. 하얗게 윤기 나는 털 하며 인형 같은 까만 눈동자 하며 살랑거리는 잘 말아 올린 꼬리며 귀엽지 않은 곳이 없다. 이제는 눈만 마주쳐도 녀석이 무엇을 요구하는지 알 수 있다. 야단치고 나무라면 눈물을 보이기도 하고 먹을 것 하나 더 얻어먹겠다고 아양 떨기도 하고 산책시켜 달라고 떼쓸 줄도 안다. 동물이지만 참 영악하다는 생각을 하곤 한다.

　사람이든 동물이든 정들면 정 떼기가 쉽지 않다. 어쩌다가 어슬렁거리는 유기견을 발견하면 발길이 무거워진다. 건물 뒤쪽에서 길고양이를 만나면 마음이 편치 않다. 누군가가 몰래 또 강아지를 내다 버렸구나! 눈에 밟히는 날에는 종일 뒤숭숭하다. 전에는 이런 감정은 전혀 없었다. 반려동물을 키우다 보니 동물을 사랑하는 법을 강하게 느끼게 된다. 정성을 쏟지 않을 수가 없다. 아프면 병원에 데려가야 하고 때가 되면 끼니를 먹여 줘야 하고 목욕도 시켜주고 이빨도 닦이고 할 일이 참 많다.

　요거트야! 우리 함께하는 날까지 재미있게 지내자. 요거트야! 아프지 말고 건강하게 오래오래 함께하자. 말은 통하지 않지만, 교감이라는 것이 있어 정말 다행이다. 내 생각이 요거트에 전달되었을 거라 믿는다. 밤늦은 시간에 경비실 인터폰 벨이 울린다. 수화기를 드니 경비아저씨 목소리가 또렷하게 들린다. "혹시 강아지 잃어버리지 않으셨나요?" "아, 네 아닙니다. 우리 집 강아지는 옆에 있습니다." 재차 묻는다. 요거트 녀석인 줄 알고 인터폰을 했나 보다. 경비아저씨도 어느 집에 어떤 개를 키우는지 짐작하고 있는 듯하다. 아파트 단지에서 유기견은 아닐 테고 누군가가 강아지를 잃어버렸나 보다. 다음 날 아침 아내가 강아지가 어떻게 되었는지 궁금해서 경비실을 다녀왔다. 주인이 강아지를 찾아갔다는 말에 나는 그러면 그렇지 하고 안심했다.

오늘은 산책 후 요거트 녀석 목욕을 시켰다. 이제는 강아지 목욕시키는 것도 어렵지 않다. 어느 정도 따뜻한 물로 온몸에 샴푸 질을 한 후 깨끗하게 감기고 헹구어 드라이기기로 잘 말리면 된다. 목욕 시 이빨도 닦아주고 귓속도 청소해준다. 그러면 요거트 녀석도 시원한지 혀를 내밀고 아주 좋아한다. 눈을 감고 잠든 녀석을 보면 귀여운 갓난아기처럼 평온하다.

이름 대신 별명 하나 어때?

 별명 하나 짓는데 시간이 꽤 걸렸다. 예술 활동하는 사람, 종교인 대부분은 본명 대신 다른 이름 하나씩 갖고 있다. 이런 이름은 본인이 짓기도 하지만, 스승이나 관계있는 사람으로부터 하사 받거나 작명가한테 짓기도 한다. 누구나 출생하면 이름을 지어 부른다. 우리 선조들은 부모가 지어준 이름을 존귀하게 여겨왔다. 이름 더럽혀진다고 함부로 이름 부르는 것을 주저했기 때문이다.

 그래서 이름 대신 호(號)를 지어 불렀다. 호에는 자기 자신이 지어서 부르는 자호(自號)와 집안의 어른이나 스승 또는, 친한 친구들이 지어 부르는 아호(雅號)와 당호(堂號)가 있다. 이밖에도 별호(別號), 택호(宅號), 시호(諡號) 등이 있다. 또한, 종교인에게는 법명, 세례명이 대표적이다.

 오늘날 현대사회는 복잡하고 다양하다. 이런 사회에서 이름을 부르는 것이 부담되고 거북스러울 때가 있다. 이럴 때는 별명이나 호를 부르면 예의에 어긋나지 않고 부담 없이 부를 수 있어 좋다. 유명인들만 아호를 지어 부르라는 법은 없다. 누구나 다 자신에게 맞은 아호를 지어 멋지게 불러 보자꾸나. 처음에는 어색하고 쑥스럽겠지만, 시간이 지나면 친숙하지 않겠나 하는 생각이 든다.

나도 여태까지 몇 가지 별명을 사용해오곤 했었다. '지우천' '유심조' '박옥혼금' '이드' '여여' 등이다. 블로그 활동에서는 박옥혼금, 카페 활동은 지우천, 산악회에서는 '이드'이다. 그런데 마음에 딱 정한 별명은 아직 없다. 그래서 지금부터는 나의 별명 겸 아호(雅號)는 이드(id)로 정한다. 성은 '이'요, 이름은 '드'이다. 이드(id)란 이름은 외자지만 괜찮은 것 같다. 나의 새로운 이름 '이드'는 정신분석학적 측면에서는 '프로이트' 정신분석이론에 기초한다.

브리태니커 사전에 의하면 이드(id)는 프로이트 정신분석이론에서 자아·초자아와 함께 인간 성격을 구성하는 요소이다. 이 3가지 정신 영역 요소 중 가장 오래된 것으로 원시적인 육체적 본능, 특히 성욕 및 공격욕과 관련된 심리적 내용뿐 아니라 유전되거나 태어날 때부터 나타나는 모든 심리적 요소를 포함한다. 이드는 외부세계를 쉽게 망각하며 시간의 흐름을 인식하지 못한다. 구조가 없고, 논리와 이성도 모르기 때문에 날카롭게 대립하며, 상호 모순되는 충동을 동시에 가질 수 있다.

이드는 전적으로 쾌락·고통의 원리에 따라 기능하며, 그 충동은 즉각적인 충족을 추구하거나 타협적 충족에 만족한다. 비록 성인은 이드 자체의 작용이 무의식으로 이루어진다 하더라도(아동은 비교적 덜 무의식적임) 이드는 의식적인 정신생활의 발달과 지속적 작용을 위한 에너지를 제공한다. 깨어 있을 때 이드는 헛말, 기지(奇智), 예술, 다소 비합리적인 그 외의 표현 양식 속에 자신의 내용을 숨긴다.

프로이트가 발표한 바로는 이드의 드러내는 내용 기본방법은 꿈의 분석과 자유 연상이다. 현재 많은 정신분석학자는 이드 개념이 가장 정상적인 사람에게도 존재하는 비합리적·반사회적 충동에 주의를 기울이는 데는 여전히 유용하지만, 이 개념이 지나치게 단순하다고 생각하고 있다. 사전적 의미(심리)에서 이드는 인간 정신의 밑바닥에 있는 원시적, 동물적, 본능적인 요소이다. 프로이트의 정신분석학 용어로는 쾌락을 추국하는 쾌락 원칙에 지배되며 즉각적인 욕구 충족을 목적으로 한다.

이드, 나는 늘 새로움을 추구한다. 호기심도 많고 발상의 전환을 꾀하고 허튼 상상에 시간을 투자하기도 한다. 아직껏 컴퓨터에 능숙하지 못한 나로서는 편집에 다소 불편함이 따른다. 하지만 며칠째 연재할 7권의 e-book을 구상하고 만들어봤다. 나만의 창작공간이라 좋고 글 올리면서 부족한 부분은 개선하고 보완할 수 있어서 좋다.

글쓰기는 생활의 일정 부분이 되어버렸다. 취미로 시작한 글쓰기가 이젠 재미가 쏠쏠하다. 힘들고 어려울 땐 시든 수필이든 칼럼이든 잡문이든 미친 듯이 쓴다. 그러면 꽉 막혔던 가슴이 펑 뚫린다. 글을 통해 나 자신을 돌아보며 성찰한다. '나는 누구인가?'에 대한 해답을 얻기 위한 나의 노력은 계속된다.

마음과 몸은 고단해도 나 자신이 좋아서 하는 일이라면 무엇이든지 즐겁다. 이런 노력에도 불구, 독자가 나의 노력을 외면한다면 나는 좀 서운할 것 같다. 나는 나이에 상관없이 움직일 수 있을 때까지 일하고 싶다. 나는 은퇴는 생각하고 있지 않다. 내 머릿속에는 새로운 '아이디어'가 들어있다. 내가 활동하는 산악회 이름으로 책을 출간하는 것이다. 언젠가 산악회 회장에게 귀띔한 적이 있다. 회장은 까맣게 잊고 있을 수도 있겠지만, 시간을 갖고 다시 의견을 나누어 볼 생각이다.

지금까지 많은 산을 다니면서 보고 듣고 느낀 것이 참 많다. 산악회에서는 산 잘 타는 사람이 대접받는 것은 당연하다. 하지만 육체적 건강 위에 정신적 건강을 위한 글 작업이 있다면 우리의 즐거움은 배가될 것이다. 우리 산악회 회원만 해도 칠백여 명이나 된다. 물론 산행에 참여하는 회원은 오십여 명 남짓하지만, 시든 수필이든 수기든 한 사람이 한 편씩만 모아도 책 한 권 분량은 충분하다. 문학이 정신 건강의 으뜸이 되고 '우리나라 최초 책을 발간한 산악회 탄생'이란 말만 상상하면 이드는 벌써 가슴이 설렌다.

  사람과 사람, 사람과 자연이 어우러져 사람 냄새나는 그 무언가를 기다린다. 산악회를 따라다니다 보면 재주와 재능 있는 사람을 참 많이 본다. 그들의 재주와 재능을 공유하고 싶다. 사람은 시대와 시류에 따라 생각도 변하는 법, 이드의 문학 활동도 어떻게 변할지 나 자신도 모르는 일, 그래서 이드 나 자신이 더 궁금해지는 것이다.

내 인생의 마수걸이 날

 누구나 잊어서는 안 될 기념일이 있다. 아내의 생일을 까맣게 잊었다가 부부싸움 끝에 결별했다는 웃지 못할 신문기사를 본 적이 있다. 기념일에 민감한 것은 남자보다는 여자가 유난스럽다. 그만큼 챙기면서 살아가야 할 것이 많다는 뜻이다. 챙겨야 할 것 중 결혼기념일은 빼놓을 수 없는 기억해야 할 일이다. 결혼기념일을 못 챙겼다가 아내에게 냉대받고 팬츠 바람으로 쫓겨나는 남편을 상상해보라! 재밌고 불쌍하다. 이쯤 되면 간 큰 남자라도 당당할 리 만무하다. 결혼하기 전 뭇 남녀는 서로 어떻게 하면 상대에게 더 잘 보일까 용쓰던 얌전한 여우와 순한 늑대들 요즈음은 여우 같은 아내에게 죽어 사는 예가 많다. 대부분 경제권이 아내에게 넘어가 있는 만큼 힘 못 쓴다. 경제권을 빼앗겼으니 무슨 재간으로 큰소리를 친단 말이냐?
 남편들이여! 설마 결혼이 뭔지 잊고 있지는 않겠지, 결혼은 정식으로 남녀가 부부관계를 맺는 거야. 부부관계가 뭔지 모르지는 않겠지. 둘이 하나 되는 거, 사랑의 입맞춤 많이 체험했잖아.

올해가 나의 결혼 몇 주년이 되는지 계산기로 헤아려 본다. 서른둘, 서른셋, 서른넷, 서른다섯, 다시 한번 튕겨본다. 아, 올 결혼기념일은 서른다섯 번째가 맞다. 참 많이도 함께 살아왔다. 강산이 세 번 바뀌고 난 후 내 머리칼은 서리가 내려앉은 늦은 가을이다. 결혼기념일 셈하다가 갑자기 책장에서 두리번거리며 무엇을 찾는다. 찾고 있는 것은 오래전 고향 친구가 펴낸 상식, 상용 약자-신조어 Paper 편 〈Pearl Pearl〉이다. 지금으로부터 17년 전 책이 출간되었으니 시간이 꽤 흘렀다. 그때 친구 부탁으로 책, 열 권을 사 지인에게 선물하고 아직 두 권 남아 있다. 이 책 속에 결혼식(wedding)에 관한 재미있는 신조어가 수록되어 있다.

The paper wedding(결혼 후 1년째)은 종이라 하고, 결혼 후 2년째는 짚이라 하고, 결혼 후 3년째는 사탕, 4년째는 가죽, 5년째는 나무, 7년째는 꽃, 10년째는 주석, 12년째는 아마베, 15년째는 수정, 20년째는 자기, 그릇 25년째는 은, 30년째는 진주, 35년째는 산호, 40년째는 에메랄드, 45년째는 루비, 50년째는 황금, 결혼 후 60년째는 다이아몬드라 했다. 그럼 결혼기념일 해당년도가 없는 신조어는 어떻게 이해하면 되나? 궁금하다. 결혼 30주년은 진주, 결혼 35주년은 산호(the coral wedding)이다. 산호는 중년 여성들이 좋아하는 보석이다. 산호는 맑은 바다의 대명사이다. 시리도록 맑은 바닷속 너머의 각양각색의 산호를 상상해봐라. 맑은 바다를 좋아하는 산호도 세월이 지나면서 퇴적된 흙탕물을 더 좋아하듯이 결혼생활 35년의 세월이면 인생 살 만큼 살았으니 자만하지 말고 의연하게 살라는 뜻일 게다.

나의 결혼기념일은 기억하기 좋은 한글날이다. 1981년 한글날 을지로예식장에서 결혼식을 치렀다. 세종대왕이 보는 앞에서 혼례를 치렀으니 얼마나 좋았는지 모른다. 시골에서 상경하신 어머니와 호랑이 같은 아버지도 모습을 드러냈다. 하객 중에는 외국인도 있었다. 아마 처제의 대사관 동료들이었나 보다. 약주가 불콰하게 오른 아버지는 주위에 아랑곳하지 않고 외국 분들에게 "헬로우! 헬로우!"를 찾으시며 기분 좋아하셨다. 하필 한글날인 결혼식장에서 헬로우, 헬로우! 라니 "나는 아버지 소매를 끌며 이러시면 안 돼요. 저쪽에 가서 앉으세요." 나직하게 말했다.

이렇게 결혼식이 끝나고 우리는 서둘러 신혼여행지로 떠났다. 아산 현충원은 가까워서 좋다. 당시 나는 광주 상무대에서 포병 고등군사반 교육 중이었다. 결혼 휴가는 단 3일간으로 짧았다. 그렇게 우리의 신혼여행은 끝나고 보금자리는 월세방 하숙집이었다. 그 꿈같았던 신혼도 세월이 지나고 보니 무덤덤하게 익어간다. 세상살이가 쉽지만은 않다는 현실 앞에서 아내를 바라볼 때마다 늘 미안하다. 못난 사람에게 시집와서 여태까지 고생만 시키고 잘해주지 못한 데 대한 미안함이다. 그래도 나는 가끔 우리 결혼에 대해 추억한다. 남은 인생도 지금처럼 아웅다웅하면서 변함없기를 바란다. 시월의 하늘이 높디높고 빛의 산란이 시리도록 좋다.

그림자의 자화상

 가면 쓰기 좋은 날이다. 가면이 지천으로 늘려있다. 지금 나는 가면 쓴 얼굴로 그대에 대하여 수다를 떨고 있다. 나를 감추고 나를 변장하기 위해 태어난 나는, 그대를 위해 나를 숨기기도 하고 내 뒤에 숨어 보이기도 한다. 사람들은 하기 좋은 말로 그대를 '탈'이라고 말하지만, 세계 공통어로는 마스크(mask)로 통하고, 대개 좁은 뜻에서는 변장과 화신을 목적으로 하는 토속적인 또는, 연극을 말하기도 한다.
 그대는 원시시대부터 오늘날까지 수없이 생산됐고, 그대는 사람들의 생김새처럼 각양각색이고 또한, 그대는 호랑이 담배 피우던 시절에 태어났지, 처음에는 수렵 생활을 하던 원시인이 수렵 대상인 동물에게 가까이 다가가기 위하여 변장용으로 후에는 죽임을 당한 동물의 영혼을 위로하기 위하여 또는 그 주력(呪力)을 몸에 지니기 위한 주술적 목적에서 비롯해서 차차 종교적 의식과 민족 신앙의 의식용으로 쓰이게 되었다. 그대의 쓰임새 말이다.

그대는 원래 그리스 용어로 '프로소폰(Prosophon)'이고 로마에 와서는 페르소나(persona)였다. 심리학에서는 타인에게 비치는 외적 성격을 나타내는 용어이기도 하고, 페르소나는 그리스의 고대극에서 배우들이 쓰던 그대를 일컫는데 심리학적인 용어로는 심리학자 구스타프 융(Carl Gustav Jung)이 만든 이론에 쓰이게 되었는데 그는 인간은 천 개의 페르소나를 지니고 있어 상황에 따라 적절한 페르소나를 쓰고 관계를 이루었다. 페르소나를 통해 개인은 생활 속에서 자신의 역할을 반영할 수 있고 자기 주변 세계와 상호관계를 성립할 수 있게 돼 있었어, 그리고 페르소나 안에서 자신의 고유한 심리구조와 사회적 요구 간의 타협점에 도달할 수 있기에 개인이 사회적 요구에 적응할 수 있게 해주는 '인터페이스'의 역할을 하게 되었다.

페르소나(persona)의 의미는 인격, 위격 등으로 쓰이는 라틴어란 말 배운 기억이 나. 본디 연극배우가 쓰는 탈을 가리키는 말이었으나 그것이 점차 인생이라는 연극배우인 인간 개인을 가리키는 말로 쓰이게 되었다. 철학 용어로는 이성적인 본성(本性)을 가진 개별적 존재자를 가리키며, 인간 · 천사 · 신 등이 페르소나로 불리지. 즉, 이성과 의지를 갖추고 자유로이 책임을 지며 행동하는 주체를 말하기도 한다나? 또한, 신학 용어로는 의지와 이성을 갖추고 있는 독립된 실체를 가리키며, 삼위일체의 신. 곧, 제1 페르소나인 성부, 제2 페르소나인 성자, 제3 페르소나인 성령을 이르는 말이다.

그대는 시기와 장소, 용도, 목적에 따라 다양하고 광범위하게 활용되었고 특히 그대를 빼놓을 수 없는 것이 문학이지. 특히 시인은 자신의 자화상이 죽은 그대(데스마스크)란 사실을 첫 대목부터 선언한다지. 분석 심리학에서 인격의 그대, 즉 페르소나(Persona)는 매우 중요한 개념이고, 어느 시점까지는 사회적 관계 때문에 페르소나를 만들어 써먹어야 하지만, 진짜 자기가 성장하고 성숙해 나가기 위해서는 불필요하고 죽어 있는 페르소나를 과감하게 버려야 해. 자신의 페르소나가 미혹에 빠져있는 함정처럼 침몰하고 있으니 점잖던 내용물이 이래저래 구겨지기 시작하는 거지, 어쩌면 이런 거짓 페르소나에 대한 거부감이 진짜 자신이 아닌가 싶다.

나는 거울 속에 비친 나 자신에게 물어봤어, 그대가 두렵기까지 하다 마는 늘 그대에게 기대고 의지하며 번거롭게 자화상 앞에서 나는 늘 염치가 없단 말일세. 거울 앞에 서보면 내가 그대로 보일 때가 한두 번이 아니거든, 나조차도 변장시키고 타인과의 관계를 놓쳐버리기에 십상인, 다시 나 자신 속으로 숨어드는 것은 일종의 퇴행적 나르시시즘에 빠질 가능성이 크다는 거야. 누구든지 자화상 앞에 몰두하다 보면 나르시스처럼 식물인간이 되어 버리곤 한다. 그러다가 보면 자기 자신이 겪은 질곡과 상처를 격하게 토로하기도 하고 반대로 감정이 메말라 느낌이 전혀 없이 모든 것을 내려놓았다고 하지. 양쪽 다 지나치면 사실은 본인의 문제를 제대로 보지도 못하고 해결하지도 못할 수 있다. 어느 정도는 스스로 다친 마음도 인정해 주고 그 감정을 객관화시켜서 한 단계 끌어올리는 노력이 필요해. 나도 이왕이면 자화상 앞에 그럴듯한 그대를 복제하는 것이 소원이다. 뻔뻔하고 그악스러운 사람들의 과시와 잘난 체가 득세한 더러운 욕망을 깨트리는 마법의 그림자는 자화상 덕분이기도 하다.

중고시장에서

　일상에서 중고란 말은 낯설지가 않다. 어찌 보면 새 상품은 하루만 지나도 중고가 될 수 있다. 그만큼 중고는 우리 생활과 밀접한 관계를 맺고 있어 중고 상품이 주는 기쁨, 중고 상품이 주는 묘미는 이 상품을 접해본 사람만이 안다. 물론 중고 거래 잘못했다가 사기를 당하고 금전 손실을 보는 등 낭패를 볼 수 있다.
　중고시장의 상거래는 신용과 신뢰를 바탕으로 양심에 부합되어야 한다. 세계적인 중고시장인 이베이, 아마존에서 상품을 거래한 사람 치고 사기당했다는 사람, 내 주변에는 없다. 오히려 국내 중고시장에서 사기당했다는 글은 인터넷상에서 가끔 눈에 띈다. 우리나라는 신용사회로 가는 길이 아직 요원하다고 생각해본다. 나는 시계에 관심과 호기심이 많은 사람이다. 이것저것 사 모은 시계가 20점은 족하다. 하나둘 모은 시계는 주로 실용적이거나 밀리터리 시계이다. 이것은 일정 기간이 지나면 형제나 친척들에게 선물하곤 했다.

한동안 까맣게 잊고 있었는데 시계에 관한 관심이 또다시 도졌다. 기분이 묘하다. 이베이, 아마존 등을 들락거리며 시계들을 톺아본다. 가끔 경매에도 참여하곤 한다. 지금 보유 중인 시계 몇 점을 처분할까 해서 모 사이트 중고시장에 가입하고 시계 한 점 내놨다. 중고시장은 참 좋은 제도라고 생각한다. 자신이 필요하지 않은 물건을 꼭 필요한 사람에게 물건을 넘겨줄 수 있어 얼마나 다행인가, 경제적이고 실용적이며 나눔의 정신에도 부합되는 중고시장은 권장할 만하다. 단, 조건을 건다면 파는 사람 기분 좋고 사는 사람 기분이 좋아야 하고 신뢰와 신용의 바탕으로 즐길 수 있는 상거래가 되어야 한다.

처음 거래하는 중고시장이 궁금하고 호기심이 생긴다. 내가 내놓은 물건은 검정 문자판에 세이코(SEIKO) 티타늄 쿼츠(QUARTZ) 시계이다, '세이코' 하면 실용적인 시계의 대명사이다. 물론 최고급 시계도 생산하지만, 주로 중저가 실용적인 시계가 많다. 한때 시계 수집하는 취미에 폭 빠진 사람도 손목시계 착용은 거추장스러운 때가 없지 않지만, 그래도 손목에 시계가 없으면 허전하다.

서랍장 정리하다가 착용하지 않은 시계를 꺼내 시계가 제대로 작동하는지 시계 점포에 들러 리튬 수은전지를 교환했다. 시곗바늘이 예전처럼 움직인다. 또 다른 시계 한 점은 바닥에 떨어트려 태엽 꼭지가 부러져 수리했는데 방수가 되지 않는다. 20여 년 전 일본 출장 갔다가 남녀 세트로 구매했던 실용적인 시계라 애착이 남다르다. 아내 시계는 아직껏 고장 없이 잘 착용하고 있다. 시간은 오래됐지만, 똑같은 시계를 구매할 수 있나 하고 여러 쇼핑몰 사이트를 검색해 봐도 찾기란 쉽지 않았다. 이번에는 일본 야후에 가서 검색을 시도했다. 단종 품이지만, 경매로 몇 점이 올라와 있다. 1994년 생산품이다. 우연히 국내 사이트에서 중고품 한 점 찾아 구매 여부를 타진했는데 운 좋게 내가 사게 되었다. 원하던 시계를 얻었으니 정말 즐거웠다.

외관상 보기에는 20년 이상 된 시계 치고는 아주 깨끗하다. 전에 차던 시계는 전자식인데 이번에 구매한 시계는 구동 방식이 AGS(Automatic Generation System)으로 시계 안에는 작은 발전기가 내장되어 있다. 자전거의 라이트와 거의 같은 발전시스템이다. 1회 충전으로 75시간 구동시킬 수 있는 친환경 에너지 제품이다. 문자판은 자체 발광으로 영롱하다. 단점은 전지가 일반 전지보다 아주 비싸다. 시계를 구매하고 열흘 정도 착용했는데 초침이 움직이지 않는다. 짬을 내서 관련 시계 서비스센터를 찾았다. 정밀점검 결과 전지는 교체는 물론 분해 소지까지 해야 만이 정상적으로 작동할 수 있다는 말에 실망감이 밀려온다. 수리 비용을 물었다. 전지 교체만 10만 원, 분해 소지 비용 10만 원이란다. 배보다 배꼽이 크다. 이럴 때는 어떻게 해야 하나 고민에 빠졌다. "고쳐, 고치지 마," "고치지 마, 고쳐" 일단 전지만 새것으로 교환했다. 물론 가격도 조정하여 할인받았지만, 여전히 비싼 금액이다. 인터넷이나 다른 곳에서는 이렇게까지 비싸지는 않았는데 지정 서비스센터가 상당히 비싸다.

　전지를 교환하고 이삼일 경과 후 또다시 시계가 멈췄다. 이번에는 분해 소지할 차례이다. 두 곳 점포에 분해 소지 비용을 물어보니 가격은 엇비슷하다. 10만 원, 이번에는 분해 소지 완료하고 착용하면 다시 멈추기를 반복해 어떻게 된 것인지 강하게 어필했다. 만약 이번에도 제대로 작동하지 않으면 지급했던 비용을 돌려주겠다고 했다. 정말 분해 소지 기술력이 있는지 의문이 들었다. 마지막 한 번 믿어보기로 하고 보름 후 연락이 왔다.

　시계 찾아가라고, 내 손목에는 우여곡절 많은 티타늄 키네틱 시계가 시각을 알려주고 있다. 시계 안에 내 삶이 내장되어 있어 시계에 집착하는지도 모른다. 다시 시간이 멈췄다. 수명이 다 되었다고 생각하니 섭섭하다.

권모술수(權謀術數)

　권모술수(權謀術數)의 사전적 의미는 '목적의 달성을 위하여 수단과 방법을 가리지 않는 온갖 술책.'이라 기술하고 있다. 일반적으로 권모술수는 좋지 않은 뜻으로 사용되지만, 중국의 고전에서 정의하는 권모(權謀)의 의미는 '일을 저울질하여 꾀를 쓴다.'이며 술수(術數)는 '어떤 방법을 모색한다.'라는 뜻이다. 현재는 말의 뜻이 변화하여 좋지 않은 경우에 사용되지만, 권모술수는 본래 '심사숙고하여 지혜롭게 방법을 모색하여 적용한다.'라는 뜻을 지니고 있다.

　현재의 한국 정치는 불신이 너무 깊다. 이번 정치권의 지각변동은 권모술수의 승부수로 봐야 한다. 2017년 제19대 대통령 선거를 앞두고 어떠한 권모술수로 상대를 제압하고 어떤 정권이 탄생할 것인지 흥미롭지 않을 수 없다. 동서고금을 보더라도 정치가만큼 권모술수에 능한 사람은 없었다. 그럴 만도 하다.

자기 자신이 살아남기 위해서는 정적을 제거해야 하기 때문이다. 자신이 정적을 제거하지 못하면 자신이 제거당하게 되는 곳이 정치판이다.

권모술수의 핵심은 권력투쟁이다. 권력투쟁의 목적은 권력의 쟁취에 있다. 중국의 기서 '설원(說苑)'에는 '같은 권모(權謀)에도 정(正)이 있고 사(邪)가 있다. 군자의 권모는 옳고, 범인의 권모는 나쁘다.'라고 되어 있다. 이처럼 같은 권모술수일지라도 그것을 쓰는 사람에 따라 평가가 달라진다. 올바른 태도로 세상을 이롭게 할 목적으로 활용한다면 적극적으로 권장할 전략과 지략이다. 그러고 보면 권모술수는 비굴한 방법은 아닐성싶다.

오늘날과 같은 치열한 경쟁 사회에서 살아남기 위해서는 각자 나름의 지혜가 필요하다. 현대사회에 있어 지혜는 주로 정보에서 얻어지고 지략가에 의해서 계획되고 실천된다. 누구와 힘을 합치고 누구와 싸워야 하는지 또한, 경쟁 관계에 있는 상대를 어떻게 다루어야 하는지에 대한 판단은 주로 정보에 근거하여 결정된다. 그렇다면 얻어진 정보는 어떤 과정을 거쳐 상대를 제압하는 지혜가 되고 힘이 될 수 있을 것인가?

이언호의 저서 『한 권으로 보는 권모술수』 책에는 권모술수 관해 이렇게 언급하고 있다. '강자가 약자를 제압하는 것은 힘의 원리에 의하여 이루어지나 약자가 강자를 제압하는 것은 권모술수라는 수단으로 이루어진다.' 오늘날과 같은 무한경쟁 시대에서 정보화 시대가 발달할수록 권모술수는 더욱 주목받고 발전되리라 본다. 책에서는 권모술수에 관해 소개만 하고 실제로 이용하는 것은 대해서는 독자의 몫으로 남겨두고 있는 이유는 권모술수에도 착각과 시행착오가 있기 때문이다.

권모술수는 본래 약자를 위한 생존전략이다. 즉 강자가 힘으로 약자를 제압하려 할 때 약자는 정공법으로 강자와 맞서 이길 수 없다. 강자에게 힘으로 맞서는 것은 너무나 무모한 일이다. 따라서 약자는 지혜, 즉 권모술수로써 강자와 싸워야 한다. 그러므로 권모술수는 오늘날처럼 힘 있는 자들이 활용하는 강자의 행동 원리가 아닌 약자의 생존전략인 것이다. 이 책은 어떤 승부처에서 약자의 위치에 서 있게 되었을 때 그 상황을 어떻게 돌파해나갈 것인가에 대한 해결책을 중국과 서양의 고전에서 찾아내어 모아두었다.

냉혹한 경쟁의 시대에 최소한의 노력으로 강자를 이겨낸 동서양 현인들의 지혜는 과연 어떤 것이었을까? 책에서는 '역습, 일거양득, 연막전술, 위장 전법, 허허실실, 싸우지 않고 이기는 법' 등 재미있는 이야기 속에 담긴 권모술수의 참모습을 제시한다. 권모술수에도 때가 있다. 때를 놓치면 권모술수도 무용지물이 되고 제 무덤을 파게 될 것이다.

내 인생, 나의 인생

　자신의 인생을 위하여 누구나 꿈꿀 수 있다. 꿈 없는 인생은 무미건조하다. 꿈은 행복이요 희망이다. 넓은 의미에서 행복은 사람뿐만 아니라 여러 생물에도 이런 현상이 나타난다. 긍정적인 요소가 다 포함된 최고의 흐뭇한 기분이 매일 일어나지는 않는다. 지금 자신이 편안하고 즐겁고 기쁨을 느낀다면 이것이 바로 행복이다.

　행복을 얻는 데는 많은 시간이 필요하다. 행복은 저절로 굴러 들어 오지 않는다. 행복을 얻기 위하여 금싸라기 같은 시간을 소중하게 여긴다. 지금 나는 살아온 날보다 살아갈 날이 더 짧다. 이것 때문에 나는 남은 시간을 어떻게 하면 더 즐겁게 보낼까 고민하는 것이다.

　세계적으로 노령 인구 급증과 기대수명 증가로 여생을 어떻게 보낼 것인가에 대한 관심이 대단히 높다. 요즈음 의학기술의 발달과 물질문명의 풍족함으로 평균수명이 늘어나면서 나이에 대한 개념 자체가 변하고 있다. 이젠 우리나라도 평균수명이 80으로 늘어났다. 60년대만 하더라도 나이 60이면 할아버지·할머니 소리를 들었다. 우리나라도 2022년 내에는 평균수명은 100살에 도달할 거라는 연구보고서도 나왔다. 그러고 보면 지금은 나이 60은 청춘인 셈이다. 청춘이 뭔가? 젊다는 뜻이 아닌가, 나이란 개념이 허물어지고 젊게 살고자 하는 사람들 욕심이 커지고 있다는 방증이다. 오래 살고 싶은 것이 인간의 욕망이고 보면 살아있는 그 자체가 행복이다.

 수명이 연장된 만큼 이제는 노후를 생각해야 하는 시점이 됐다. 그렇다면 행복한 노후를 위해서 어떤 준비가 필요한가? 급속도로 변화하는 현대사회에서 노후를 보내기란 녹록지 않다. 지금 고령화 문제는 환경문제와 더불어 심각한 사회문제로 부상하고 있다. 저출산 고령화 시대는 한 국가의 큰 걱정거리임에는 틀림없다. 이런 문제를 아무런 대책 없이 오랫동안 내버려 두거나 개선책을 모색하지 않는다면 멀지 않아 국가적 재앙으로 다가올 것이 뻔하다. 저출산은 노동인구 감소로 이어져 생산성을 보장받을 수 없어 사회 전반에 걸쳐 양질의 삶과 행복을 누릴 수 없게 된다. 그리고 젊은 실업자와 고학력 실업자 증가는 국가의 큰 골칫거리 중 하나가 될 것이다.

 나는 1955년생 양띠로서 퇴직을 앞둔 베이비붐 세대의 맏형

격이다. 우리나라 베이비붐 세대는 6·25 전쟁 후 태어난 1955년에서 1963년생을 말한다. 베이비붐 세대의 삶은 한마디로 고단한 삶이었다. 우리는 나라를 위해 가정을 위해서 앞만 보고 열심히 살아왔지만, 자기 자신만큼은 누구로부터도 대접받지 못한 외로운 세대이다. 우리는 부모와 자녀를 부양하기 위해 평생 희생이 따라야 했다. 다수 베이비붐 세대는 노후 대비가 턱없이 부족하다. 그래서 우리는 살아온 세월에 대한 허탈감과 살아갈 세월에 대한 공포와 불안감에 절망하기도 한다.

또한, 요즈음 젊은이들은 어떠한가? 소수 계층을 제외하고는 젊은이 다수는 부모의 도움 없이는 아무것도 할 수 없는 세상이 돼버렸다. 신조어로 이런 젊은이들을 한마디로 '캥거루족'이라 한다. 생활 능력이 없으니 독립하고 싶어도 이러지도 저러지도 못하고, 부모와 함께 사는 젊은이가 늘어나는 추세이고 보면 이들의 장래가 걱정된다. 어르신들은 어떠한가? 수명이 길어지다 보니 부모를 부양하는 중년의 심적 경제적 부담으로 가족 간의 갈등의 원인이 되기도 한다. 오래 사는 것도 자녀에게 짐이 되는 세상이고 보니 생각만 해도 끔찍하다. 또한, 자녀 문제는 어떠한가? 교육부터 시집가고 장가들고 취직할 때까지 뒷바라지해야 하는 것이 중년 세대의 고달픔이다. 가족 중에 누가 아프기라도 하거나 사고라도 치거나 결혼이라도 하면, 조금씩 모아 두었던 노후자금은 바닥이 난다. 이렇게 되면 가족 모두에게 불행한 일이 아닐 수 없다. 이런 어려움에 부닥쳤을 때 슬기롭게 역경을 극복하고 대비하는 것이 바람직한 노후 대책이다.

  열심히 살지 않은 사람 없겠지만, 나도 지금까지 주어진 여건 아래에서 열심히 살아왔다. 진작부터 노후대책에 대한 고민이 없었던 것은 아니지만, 앞만 보고 달려오다 보니 뒤돌아보거나 좌우를 살필 여유가 없었다. 그래도 다행인 것은 소규모 무역회사를 삼십여 년 넘게 운영하면서 밥 먹고 살고 있다. 하지만, 노후 대비는 부족했다. 국민연금 가지고는 턱없이 부족하다. 막상 노후대책을 펼쳐놓고 보니 흡족한 것은 하나도 없고 걱정만 앞선다. 요즈음 들어 다들 힘이 든다고 아우성친다. 세상은 한 치 앞을 내다볼 수 없을 만큼 불확실한 세상이다. 이런 가운데 고난이 언제 닥쳐올지 그 누구도 모른다. 어려움이 없다면 다행이겠지만, 어려움에 부닥쳤을 때가 문제이다. 어떻게 어려움을 슬기롭게 극복할 것인가,

  사회보장제도의 관련 자료를 보면 우리나라 베이비붐 세대(1955~1963년생) 절반 가까이는 노후에 국민연금을 받지 못할 가능성이 있다고 하고 2060년쯤 국민연금이 고갈된다는 말도 나돌고 있다. 국민연금 혜택을 받지 못하는 베이비붐 세대가 생각했던 것보다 많다니 놀라울 뿐이다. 얼마 전 공직에서 38년간 봉직하고 정년퇴직하여 매달 군인연금을 받아 생활하는 친구가 부럽기만 하다. 반면, 경제적으로 너무 어려워 노후는 꿈도 못

꾸는 생활이 빠듯한 친구도 있다.

내 노년의 꿈은 희망사항이지만, 한마디로 "단풍처럼 아름답고 곱게 늙고 싶다." 나는 할 일이 많다. 몸이 성할 때까지 내가 원하는 것을 하고 싶다. 그런 것을 하다 보면 나 자신이 원하는 것을 얻게 될 것이다. 사람을 만나다 보면 외로움도 사라지고 새로운 자신을 발견하게 될 것이다. 이렇게 되면 내 삶이 즐겁고 행복해지지 않겠나 싶다. 일은 삶의 활력소이다. 노후대책이 미흡한 베이비붐 세대로서 일은 생활 그 자체이며 보람일 수 있다. 일하고 싶은데 일할 수 없는 경우가 없도록 건강 잘 챙기고 웃음 잃지 않도록 노력할 참이다.

잠시 퇴직은 있어도 은퇴는 아직 모른다. 은퇴 후 가장 먼저 하고 싶은 것이 있다면 여행을 하고 싶다. 여행을 즐기면서 삶을 재충전하는 것이다. 나라 안팎도 좋다. 이곳저곳 여기저기 다니면서 사진도 찍고 글도 쓰고 싶다. 내가 처음 글을 쓰게 된 동기는 노년에 유유자적(悠悠自適)을 위해서다. 지금 생각해도 글 작업이 노년의 정신건강에도 좋은 소일거리라고 믿는다. 기회가 오면 새로운 책을 몇 권 더 낼 계획이다. 또한, 사회에 도움이 될 만한 일을 찾아서 참여하고 봉사하고 싶다. 나에게 부족한 문학 공부나 인생 공부도 계속하고 싶다. 청춘은 언젠가는 지나가고 노년도 누구에게나 찾아온다. 젊은이들이여! 젊었다고 자만하지 말고 어르신들이여! 늙었다고 실망하지 마라! 인생은 젊으나 늙으나 다 즐거운 법이다. 노년에는 과거의 힘들었던 경험을 반추하며 지혜와 행복을 얻을 권리와 책임이 있다. 어떻게 하면 행복을 찾고 얻을 수 있을까, 긍정적인 힘은 어디에 있을까, 본인의 노력만이 행복을 보장받는다는 사실을 명심할지어다. 보람된 삶은 희망과 용기, 믿음과 자신감이 생겨 어려움이 닥쳐도 겁날 것 없다. 삶이란 과거도 미래도 중요하겠지만, 중요한 것은 지금이다. 노력과 지혜가 동반하지 않은 현재는 과거를 보상받거나 미래를 보장받지 못하는 삶이 될 것이다. 행복한 노후는 자신의 마음먹기에 달려있다. 물론, 노후 대비의 일차적인 책임은 개인이지만, 그렇다고 개인만으로 이루어지는 것이 아니다. 이것은 국가와 공동으로 책임지는 것이 바람직하다.

국가는 중·노년 정년연장 등 적절한 일자리 창출을 위해 온 힘을 다해야 한다. 또한, 경제정책, 사회복지정책 등을 통해 사회안전망을 구축함으로써 부담을 덜어주는 방안도 적극적으로 모색해야 한다. 계층 간 갈등을 줄여 어르신을 존경하고 소외감이 없도록 배려하는 사회풍토 조성도 시급하다. 오늘의 대한민국을 일으킨 베이비붐 세대가 제2의 인생을 활짝 펼칠 수 있도록 도와주고 받아주고 배려하고 관심을 둘 때 우리의 노후는 행복을 누릴 수 있을 것이다. 후회 없는 인생을 위하여 '나'라는 존재가치를 존중하며 더불어 사는 세상과 함께할 때 내 인생, 나의 인생은 행복하리라.

감투거리

감투거리는 순순한 우리말로써 상당히 야한 말이다. 옛 여인들 회한(悔恨)이 배어있고 남정네 욕정이 불타 있다. 현대 한국인 여성은 어림도 없는 일이지만, 옛날 우리네 여인들은 철저한 가부장제 아래서 평생 남자의 그늘에 가려 살아야만 했다. 생활 전반에서 남녀평등은 수평적 관계가 아닌 수직관계뿐이었다. 길을 걸을 때도 나란히 걷지 못하고 밥을 먹을 때도 상조차 마주하지 못하고 부엌에서 쪼그리고 앉아 먹기 일쑤였다. 나는 이런 한국인 여인상을 좋아하지 않는다. 언젠가는 과거의 잘못을 저지른 한국 남성들은 그 죗값을 톡톡히 치를 날이 오리라 믿고 있다.

우리 할머니와 어머니가 우리 할아버지와 아버지로부터 업신여김을 받은 것도 그리 오래된 옛이야기는 아니다. 나 어릴 적만 해도 그런 느낌을 받았다. 고압적이고 가부장적인 아버지의 그 당당함에 어머니는 숨소리 한 번 크게 내지 못하고 복종만 하고 순종만 했다. 아버지 말 한마디가 지상명령이었다. 잘못된 말이라도 토를 달 수 없다. 그저 네, 이 한 마디면 된다.

가끔 토를 달면 아버지는 고래고래 고함지르고 눈 부릅뜨고 겁을 주었다. 한마디로 아버지가 권좌에서 물러나지 않은 한 아버지는 왕이었다. 지금은 시대가 바뀌어 자식이 왕인 세상이 돼 버렸지만, 역전에 역전인 세상 참 재밌다. 아버지도 고함만 질렀지 손찌검이나 매는 들지 않았다. 알고 보면 정 많은 사람이 우리 아버지셨다.

아버지에게 억눌려 숨 한 번 제대로 못 쉬고 살아온 우리 어머니도 아버지를 짓뭉갤 수 있는 유일한 방법이 있었으니 얼마나 통쾌한 일이더냐? 이때만큼은 어머니가 여왕인 셈이다. 감투거리는 여성 상위의 짜릿한 맛을 만끽할 수 있는 아버지를 꼼짝 못 하게 죽이는 위대한 성행위이다. 남편과 잠자리할 때 남편 위로 올라가 하늘 같은 남편을 깔아뭉갰으니 얼마나 속 시원하고 통쾌했겠는가, 이때만큼은 어머니는 여왕이 되어 하늘이 되고 싶은 게지.

나는 〈한국을 그리며〉 국제펜한국본부 회원들의 시 작품집에 '망부석'이란 시 한 편을 수록했다. 시적 화자는 망부석을 그리며 한국의 여인상을 대변해주는 듯하다. 절개와 원망 그리고 기다림과 한에 녹아난 옛 여인들의 변하지 않은 사랑에 역설적 자화상을 바로 보여주는 이야기라서 애절한 생각이 든다.

그 여인네들 부덕(婦德)은 지아비에 대한
부덕한 까닭이 아니었음이니라
정읍사(井邑詞) 위례성 앞에서 널 기다린다
불국사(佛國寺) 수릿재*에서 널 기다린다
너는 돌부처가 되어
정읍사를 읊조리고 치술령곡을 읊조리며
내 이름을 부르리라
돌아오지 못할 길모퉁이 산마루에
오도카니 숨어 보이는 발자국 밤 그림자 소리
으스름달 달안개 처연한데
철썩이는 동해의 파도소리 아련히 굽이쳐
인생도 삶도 사랑도 기다림도 구슬퍼
망부석에 새긴
'무명 저고리와 검정치마의 恨과 그리움,
지순한 여인의 기다림의 미학'

그대 묘비명 이름이여!

시대의 번행초 꽃자리에 날갯짓 파닥이며

숨어 보이는 이름 하여 파랑새야

훨훨~ 눈물이 나,

*경주시 외동읍에 있는 치술령(鵄述嶺)의 옛 이름

-시(詩) '망부석(望夫石)' 전문

앞으로 한국 사회는 감투거리에서만 여성 상위가 아닌 사회 전반에서 걸쳐 여성 상위 시대가 펼쳐지리라 확신한다. 그렇게 되면 망부석(望夫石)의 주체도 여성에서 남성으로 망부석(望婦石)으로 바꿔야 한다. 남성이 한 여인을 기다리는 여성이 하늘인 세상이 오지 말라는 법도 없다.

글 써서 굶어 죽지 않겠나?

걱정 없는 사람은 좋겠다. 알고 보면 집집이 걱정거리 한두 개쯤 없으랴마는, '걱정도 팔자다'라는 말 듣지 않았으면 좋겠다. 걱정은 우리네 삶의 일정 부분이란 생각이 든다. 새해 인사차 몇몇 친구에게 안부 전화를 했다. "친구야! 새해 복 많이 받고 돈 많이 벌고 우리 건강하자!" "그래, 고맙다." "아들은 잘 있고?" 친구는 아들이란 말에 언성이 높아진다. 친구야, 한 번 물어보자, "글 써 굶어 죽지 않겠나?" "문학해서 잘사는 사람도 있고 나머지 사람들은 문학 해서는 못 살고 굶어 죽지, 뭐 때문에 그러는데?"

친구의 아들은 내 아들과 동갑이다. 서울에서 괜찮은 대학을 졸업하고 취업 기다리기를 수년째다. 이곳저곳 이력서를 제출했지만, 최종 심사에서 자꾸 떨어지고 보니 실업자 신세가 불안했든지 조바심이 났다. 세상이 웃기는 것은 먹이사슬의 환경을 조성한다는 것이다. 취업에 목마른 자만 노리는 나쁜 사람들은 목 좋은 곳에 덫을 놓고 먹잇감을 기다리고 있었다. 친구 아들이 재수 없게 걸려든 곳이 다단계판매 업체였단다. 숙식까지 제공하고 돈을 벌 수 있다는 그들의 감언이설에 속아 발 한 번 잘못 들여놓아 신세 망쳤다는 얘기를 시골 동창회 때 들었다. 친구는 아들이 좋은 회사에 잘 다니는 줄로만 알고 있었는데 나중에 알고 보니 엉뚱한 곳에서 생활하고 있었다. 겨우 아들을 빼냈지만, 아들이 마음을 다잡지 못하고 방황하는 바람에 속상하다며 계속 술만 퍼마시다 보니 몸도 안 좋고 만사가 싫어졌다는 친구는 아직도 아들이 못마땅한 눈치이다.

친구가 아들에게 거는 기대는 대단했다. 친구는 가난 때문에 일찍 도회지로 나가 사진관 등 전전하다가 좋은 사람 만나 결혼하고 고향에서 서점 하면서 기반을 마련했고 지금은 인접 읍 소재지에서 새 건물도 짓고 식당을 운영하면서 살림살이가 넉넉해졌다. 아버지가 못다 한 꿈, 아들이 대신 이루어주기를 간절하게 바랐던 친구였다. 그런데 아들이 엉뚱한 길로 빠졌으니 상심이 클 만도 하다. 아들과 인연 끊자는 말까지 했다나? 그래도 아들인데 어쩌겠어, 아들과 함께 다시 한번 새 출발을 다짐하고는 생활비를 꼬박꼬박 부쳐주며 아들을 다독이며 지켜보는 중이란다.

친구의 아들은 어느 날 갑자기 취업 준비를 포기하고 글을 쓰고 싶다며 친구 마음을 또다시 아프게 했다. 결국, 아들의 뜻을 꺾지 못한 친구는 어쩔 수 없이 허락하고 말았다. 어느 부모가 자식을 이길 수 있겠어, 자식은 왕이다. 아들은 글을 쓰기 위해 다시 국문과에 편입해서 공부를 시작했는데 친구는 이런 아들의 장래가 걱정되어 노심초사하고 있다. 나에게 묻는 것이 글 써서 밥벌이하겠냐는 것이다. 우리나라는 아직 글 써서 밥벌이하는 이는 드물다. 앞으로는 어떻게 될지 잘 모르겠지만, 앞으로도 글 써 밥벌이한다는 것은 간단치가 않은 일일 거다.

글 쓴다는 것 자체를 두고 좋다 나쁘다 말하는 것은 아니다마는 나는 친구들에게 글 한번 써보라고 부추긴 적이 여러 번 있다. 밥벌이는 안 되겠지만, 치매 예방이나 늙어서 소일거리로도 좋다는 생각 때문이다. "복잡한 세상에 머리에 쥐 나는 글을 왜 쓰느냐?"며 머리를 절레절레 흔드는 친구가 태반이지만, 늙어서 글 쓰겠다는 친구가 나와주기 바란다.

작가에게도 생활이 보장되고 마음 놓고 글만 쓸 수 있다면 더할 나위 없이 좋을 것이다. 꿈같은 이야기다. 그렇게만 된다면야 작가들도 어깨를 당당하게 펴고 움츠리는 일은 없을 것이다. 연예인이나 운동선수들에 비하면 금전적으로나 예우에서나 너무 초라한 것이 작가이다. 시집 한 권이 커피 한 잔 값이라니 노동의 대가가 너무나 빈약하다. 시 한 편 지으려면 얼마나 많은 공을 들여야 하는데 겨우 칠팔천 원이라니 한심하다는 생각이 든다. 단돈 몇천 원이 아까워 시집 한 권 못 사 읽고 공짜로 시집 받기를 기대하는 사람들도 있다. 뭐 하는 짓인지 모르겠다. 그런데도 불구 문학에 관심을 두는 사람은 남녀노소를 가리지 않고 넘쳐난다. 문학에 관심 가지는 사람이 많다는 것은 고무적인 현상이지만, 한편으로는 많은 생각을 해보게 한다.

슬픈 날의 기록물

어느 정도 슬픔이 동반되어야 만이 비보(悲報)라 할 수 있나? 비보는 받아들이는 사람에 따라 무게감이 달라질 수 있다. 누구나 본인과 상관없는 비보는 심각하게 받아들이지 않는다. 우리네 삶에서 될 수 있으면 비보가 날아들지 않았으면 좋겠다. 간밤에 악몽도 꾸지 않았다. 잠도 잘 잤다. 평소처럼 출근해서 e-메일을 열람했다. 미국 파트너의 메일을 확인하는 순간 가슴이 철렁 내려앉았다. 이번 비보가 충격이라는 증거이다.

"hello this is Jab's son. Jab is in the hospital right now and is unable to respond to any messages, I am sorry if this causes any problems or delays. I will update you as soon as possible."

"안녕하세요, Jab의 아들입니다. Jab는 지금 병원에 있어 어떤 메시지에도 응답할 수 없기 때문에 문제가 발생하거나 지연될 경우 불편을 끼쳐 죄송합니다. 최대한 빨리 알려 드리겠습니다."

지난주 금요일까지만 해도 Jab 사장과 통화하고 카톡을 주고받았다. 며칠 사이에 일이 생겼다. 도저히 믿기지 않았다. Jab 사장이 일어나지 못하면 안 돼! 큰일이다! 그와는 사업 동반자로서 오랜 친구로서 지금까지 근 28년간 신뢰와 친분을 쌓아왔다. 나이도 갑장이고 세월이 흘러도 일에 관해서는 조금도 흐트러짐 없이 서로를 신뢰하며 존중하는 관계를 맺어왔다.

지금 Jab 사장이 병원에 입원해 있다. 갑자기 흑백 필름이 주마등처럼 스쳐 지나간다. 한 번에 십만 불짜리 주문받으면 미국을 방문하겠다고 했던 약속을 몇 년 전 달성해놓고 차일피일 미루다 보니 아직 실행하지 못했다. 우리는 다양한 금속을 다루면서 많은 것을 얻고 배웠다. 금속도 사람 이름처럼 많은 종류가 있다. 일반 금속부터 희귀 금속까지 용도와 제각기 지닌 특성이 다르지만, 금속은 우리 인간과 떼려야 뗄 수 없는 관계를 맺고 있다.

Jab 사장은 금속 분야 전문가이다. 대학에서도 금속 관련 전공을 공부했다. 대기업에서 원자재 관련 일을 보다가 미국지사에서 근무한 계기가 되어 그곳에 정착하여 미국 시민권자가 되었다. 처음 정착했을 때는 힘들었지만, 지금은 완전히 기반을 잡고 안정적인 생활을 해오고 있다. 작년에 큰딸 시집보내고 아들에게 사업을 물려주려 한다는 소리를 들었다. Jab은 일과 후 운동하다 갑자기 쓰러져 병원으로 긴급 후송되었다. 그 후 보름 동안 인공호흡기에 의존한 채 결국 깨어나지 못하고 세상을 떠났다.

  Jab 사장이 운명했다는 비보를 전해 듣고 멍하니 창문만 바라보고 있다. 정말 그 사람이 세상을 떠났단 말인가, 말 한마디 못하고 떠난 사람, 섭섭하고 미워졌다. 장례를 치른다는 연락을 받고도 가보지는 못해 미안하다. 조의를 표하고 가족들에게 위로를 전했다. "Jab 사장님, 이젠 모든 것 다 내려놓으시고 천국에서 편히 영면하소서" "사모님, 사장님을 봐서라도 앞으로 열심히 살겠습니다."

  그래도 천만다행인 것은 현재 진행 중인 몇 건에 대하여 순조롭게 잘 진행되고 있어 걱정 하나를 덜었다. 대부분 오퍼 업 하는 회사는 규모도 작고 인원도 한두 명인 경우가 허다하다. 전문 인력만 있으면 업무에 전혀 지장이 없는 사업 특성상 많은 인원을 요구하지 않는다. 그렇다고 해도 혼자 하는 회사는 불안하다.

  이번 Jab 사장이 쓰러졌을 때 두 가지 걱정 때문에 고심이 많왔다. 제발 Jab 사장이 벌떡 일어나 줬으면 하는 것과 현재 벌여 놓고 마무리하지 못한 일에 대한 걱정이었다. 내년 2월까지 들어올 원자재도 걱정되고 누가 Jab 사장 일을 이어서 할 것인지에 대해서도 불안했다. 마침 구세주가 나타났다. 미셸이다, 미셸은 십 년 전만 하더라도 Jab 사장을 도와 일한 여직원이었다. 미셸은 회사를 그만둔 지가 꽤 오래되었지만, 일 감각을 되찾아 하루 이틀 사이에 우리의 요구를 잘 처리하고 있다. Jab 사장의 자리를 지켜나갈 수 있어 천만다행이다. 'A. INC' 사는 Jab 사장의 역사와 애정이 묻어있는 회사로 Jab 아드님이 계속 이어나갈 것이라 했다. 신임 사장에게 기대감이 크다.

 나 자신도 나이와는 상관없이 계속 금속과 함께하고 싶다. 금속과 함께한 지 어느덧 30년이 코앞에 와있다. 금속은 알면 알수록 재미있고 호기심이 생긴다. 새로운 금속에 대하여 수주를 받고 Jab 사장과 함께 기뻐했던 일이며 메이커에서 열처리를 잘못해서 문제가 생겨 재생산하여 공급해주기까지의 피 말리던 때를 생각하면 아직도 아찔하다. 생산에는 문제가 전혀 없다던 메이커의 발뺌에 증거를 수집하고 의견서를 개진하여 메이커를 설득한 결과 시간이 오래 걸렸지만, 문제를 잘 해결하여 거래처를 잃지 않고 신뢰를 계속 유지했던 일 등이 오늘따라 유난스럽게 눈앞에 아른거린다.

 상거래를 하다 보면 사람이 하는 일이라 실수나 문제가 발생할 수 있다. 평소처럼 정상적으로 거래가 순조롭게 이루어질 때는 아무런 문제가 없다. 문제가 발생했을 때 얼마만큼 신속하게 문제를 잘 해결하는가에 따라 믿음과 신뢰는 360도 달라진다. 거래처에 입버릇처럼 강조하는 말이 있다. "가능한 실수는 없게 하겠지만, 실수나 문제가 발생 시에는 신속하게 해결하고 책임질 것을 약속합니다." 어떤 회사는 문제가 발생하면 변명하거나 도망가거나 남의 탓으로 돌리는 데만 급급해한다. 이런 회사는 오래가지 못하고 망하게 되어있다.

우리는 제각기 다른 지역에서 소규모 무역회사를 운영하고 있지만, 자긍심과 자부심만큼은 어느 대기업 못지않다. 돈은 별로 없지만, 신용하면 으뜸이라 자부한다. 우리가 공급하는 원자재가 국가발전에 기여하고 산업발전에 일조하고 있다고 생각하면 일에 보람을 느낀다. Jab 사장은 멀리 떠났어도 평소 함께 일하는 것처럼 보람을 느낀다. 요 며칠은 우리의 삶에서 '한 치의 앞날은 모른다.'라는 말을 절실하게 실감하는 삶이었다.

들러리

　들러리는 원래 나쁜 말이 아니란다. 들러리의 사전적 의미는 '서양식 결혼식에서 신랑이나 신부를 식장 안으로 인도하거나 가까이에서 돌보며 거들어 주는 사람', 연극이나 문학에서 들러리는 주인공 조연 다음으로 중요한 등장인물을 말한다. 들러리는 작품의 갈등, 플롯에 따라 주인공과 함께하거나 적대할 수 있다. 살다 보면 인생의 주인공이 될 수도 있고 들러리 설 수도 있다. 들러리 자체는 긍정적이지만, '들러리 서다'라는 말은 들러리의 행위이기 때문에 부정적 요소가 강하다.

　결혼식도 나라마다 다르지만, 들러리 역할은 엇비슷하다. 서양에서의 결혼식 들러리는 신랑과 신부의 가장 친한 친구들이 들러리를 한다. 신랑 들러리는 신랑에게 결혼반지를 건네주는 역할을 하고 신랑과 함께 신부가 입장하기를 기다린다. 신부 들러리는 신부의 곁에 서서 신부를 지켜주는 역할을 한다. 신부가 입장할 때도 뒤에서 같이 입장한다. 우리나라에서의 들러리 역할은 대부분 도우미가 주로 한다. 서양에서는 들러리들 옷도 신랑과 신부 측에서 선물해준다고 한다. 들러리도 이처럼 좋은 들러리가 있고 반면 이익에 편성한 들러리가 있다.

  치열한 경쟁 사회에서 살아남기 위해서는 자의든 타의든 들러리를 서고 세우는 행위는 빈번하다. 상거래에서 특히 처음으로 문의하는 업체와의 상거래가 연결되기는 희박하다. 대부분 비교 견적을 받아내서 들러리 세우기 일쑤이기 때문이다. 일단 새로운 문의가 오면 최선을 다해 견적을 제출하고 결과를 기다린다. 이런 과정에서 들러리라는 것을 알게 된다. 물론 타 업체보다 경쟁력이 없어 아무런 연락을 주지 않은 예도 있다.

  들러리를 여러 번 서다 보면 들러리에 대해서 상황 파악이 되고 감이 온다. 문의 단계부터 상대방과 대화를 나누다 보면 저 업체는 원하는 원자재를 구매할 것인지 아니면 단순 비교용인지 감이 잡힌다. 때로는 신규업체로부터 쉽게 주문을 받아도 기쁘지가 않은 경우가 있다. 주문한 회사에 관해 정보가 없어 혹시 잘못될까 봐 걱정되곤 한다.

  계약서에 서명하고 계약금이 입금되면 그때부터 마음이 좀 놓인다. 이런 심경은 구매하는 쪽도 마찬가지다. 과연 주문한 원자재를 잘 공급해줄 수 있는 믿을만한 회사인가? 의심할 수밖에 없다. 서로 믿어야 하지만, 세상은 그렇지가 못하다. 때로는 믿던 회사에 피해를 보기도 한다. 뜸하게 문의하면서 요구하는 조건은 많고 그래도 최상의 견적을 제출하면 함흥차사인 경우가 빈번하다. 이럴 때는 흙탕물 튕기는 기분이다. 연락해도 응답이 없다.

  어떤 원자재는 문의를 받고 견적이 나올 때까지 많은 시간이 걸리는 것도 있다. 견적 단계에서는 엄청 귀찮게 한다. 빨리 빨리 왜? 견적을 안 주느냐는 식이다. 하루만 기다려 달라 해도 "오후에 견적이 나올 수 있느냐?"며 다그친다. 지금 미국은 잠잘 시간인데 내일 오전만 기다려 달라, 양해를 구하면 그제 서야 알았다는 반응을 보인다. 우리나라 급한 성격 탓인가?

  다음 날 열심히 견적 작업해서 최상의 견적을 제출하면 그때부터는 느긋하다. 제출한 견적 건에 대하여 "검토를 하셨느냐?"라고 물으면 이 핑계 저 핑계로 실망만 안겨 준다. 반면에 견적에 대하여 발주를 주지 못한 이유에 대하여 설명해주는 고마운 업체가 있긴 하다. 나는 상거래에서 최우선으로 꼽는 것이 상호 신뢰와 약속이라 생각한다.

버무린 가족

우리 셋은 서로 코드가 맞지 않는다 / 그래도 붙어산다/ 아내는 텔레비전 남자와 연애하는 재미로 / 아들은 이유 없는 역마살 재미로 / 나는 질펀한 글 쓰는 재미로/ 그래도 붙어산다 / 붙어산다, 고목나무에 매미처럼 / 우리 셋은 버럭 화도 내고 / 호통도 치고 / 깔깔 웃기도 한다 / 우리 셋은 코드가 맞지 않아도 밥은 잘 버무린다 / 단것과 쓴 것이 잘 버무려져 신 것이 되었을망정 / 서로 버리지를 못한다

위의 시(詩)는 '버무린 가족' 전문이다. 여태까지 발표한 나의 시편 중에서 독자로부터 가장 사랑받은 시 한 편을 꼽으라면 나는 망설임 없이 '버무린 가족'을 꼽을 것이다. 이 시는 2011년 서울지하철 승강장 안전문에 발표됐던 '시민선정 작품'으로써

많은 시간이 흘렀어도 사람들은 여전히 '버무린 가족'을 좋아한다. 이처럼 한 편의 시가 꾸준히 사랑받는 것은 나 역시 즐거움이다. 시가 사랑받는 것은 시가 '좋다 나쁘다'를 떠나 가족의 소중함 때문이리라.

  가족이 해체되고 붕괴하는 각박한 세상에 즐거움과 웃음, 가족의 소중함을 돌아볼 수 있는, '우리'라는 울타리를 떠올려본다. 작은 울타리라는 '가족'으로부터 나오고 '세계'라는 큰 울타리까지 연결된다. 한 편, 시를 통해 그 소중한 가치를 되새기게 하는 버무린 가족은 어느 회사의 새해 일기장에도 수록되기도 하고 낭송 시로 애송되기도 하고 네이버 지식 In에 가족 관련 시에 단골 자료로도 활용되고 있다. 초등학교 학생으로부터 일반인까지 거부반응 없이 누구나 재미있게 읽고 하하하, 웃을 수 있는 시, 재미있고 따뜻한 시라서 좋다는 반응이다. 그렇다, 나의 졸 시 한 편이 상처받고 고통받은 사람에게 작은 위안과 위로가 되고 희망과 용기가 되고 가족의 소중한 의미를 일깨워준다면 더할 나위 없는 기쁨이다.

  나는 아직 갈 길이 먼 시인의 한 사람으로서 "나를 반성하고 성찰하는 데 시(詩)만큼 좋은 수련방법은 없다"라는 생각에는 변함이 없다. 그래서 오늘도 가족에 관한 시를 짓고 산문을 쓴다. 며칠 전 인터넷을 검색하다가 다양한 사람들이 올린 버무린 가족에 관한 감상문을 조심스럽게 읽어 내려갔다. "지하철에서 하하하, 웃게 만드는 시, 사람이 선택할 수 없는 것 중 하나가 가족이 아닐까?" "방긋 웃음이 나오는 시, 좋다!"

평범한 가족의 모습을 잘 그려낸 시 같아서 여러분들에게 소개해드린다는 어느 방송 진행자의 설명이 정겹게 들린다.

"시에서 나오는 '코드가 맞지 않는다.'라는 부분은 '뜻이 통하지 않거나 맞지 않는다.'라고 해석하시면 되겠습니다. 눈치를 채신 분도 있을 텐데, 오늘의 주제는 바로 '가족'입니다. 가족은 우리가 일생을 살아가는 데 있어 너무나도 소중한 존재이죠. 하지만 이 사실을 우리는 자주 잊어버리고 살아갑니다."

"내가 이 시를 고르게 된 계기는 공감하는 부분이 있었기 때문이다. 나는 시를 통해 가족은 소중한 존재이니까 사랑하고 배려해야 한다는 생각이 들었다."

온라인에 올라온 버무린 가족의 반응은 다양하지만, 모두가 가족의 소중함을 이야기한다. 평범한 가족이 살아가는 우리의 이야기는 아랫목처럼 따뜻하다. 아무리 각박한 세상이라 해도 가정이 파괴되어서는 절대로 안 된다. 하지만 눈만 뜨면 사건·사고가 우리를 아프게 한다. 부모를 살해한 패륜적인 아들, 자식을 내다 버리는 짐승만도 못한 부모 등 가족의 의미를 무색하게 하는 끔찍한 사건이 우리 주변에서 매일 일어나다시피 하고 있다. 우리는 가족의 의미를 잘 알고 있는 듯하면서 잘 모르는 것이 오늘날 우리의 자화상이다.

TV조선 설 특집극 '아버지가 미안하다.'의 작가 김수현은 "가족이 없이는 그 누구도 존재할 수 없다."라며 가족의 중요성을 강조한다. 나도 고개가 끄떡여진다. 때때로 우리 가족은 서로 갈등하고 미워하고 다투기도 한다. 하지만 가족 사랑에는 변함이 없다. 대소사에는 뭐니 뭐니 해도 가족만 한 우애도 없다. 가족만 한 친구, 가족만 한 이웃, 가족만 한 친인척이 왜 없을까마는, 그래도 우리는 가족이다. 가족이란 사회 구성원의 근본이며 국가의 기본질서가 되는 본질이다. '가정이 편안하고 가족이 화목하면 만사가 다 좋다'라는 말 잊지 말지어다.

사랑에 관한 명상

요즈음 나는 사랑을 뜸 들이고 있다. 뜸 들이는 내 사랑은 '나라사랑'일 수도 있고 자유와 평화의 사랑일 수도 있다. 자유의 가치는 자유가 지켜질 때만이 유효하다. "두고 보십시오. 대한민국의 역사는 누가 집권하더라도 후퇴시키는 일은 절대로 없을 것이다." 무궁한 발전만 있을 뿐이다. 말하기 좋아하는 사람들은 역사가 후퇴한다고 말하지만, 역사는 후퇴하는 것처럼 보일 뿐, 후퇴하는 일은 없다. 한 국가의 구성에는 영토와 국민 그리고 주권이 있다. 그 구성 요소 중 어떤 것 하나라도 훼손되거나 상실한다면 국가로서 존재가치가 없다. 이러한 토대 위에 형성된 단군의 자손들이 살아가고 있는 우리 대한민국은 유구한 역사를 자랑한다. 또한, 고난의 역사를 가진 민족이기도 하다. 일제강점기 36년간 일본이 저지른 만행에 치가 떨린다. 아직 그 잔재를 단죄하지 못하고 과거사에 구속된 불신은 너무나도 크다.

광복을 맞이하여 일본의 통치에서 벗어나자마자 한반도는 강대국 열풍에 휩싸여 하나 되지 못하고 또다시 이념과 사상으로 남북이 갈려 두 동강이 났다. 남북이 3년간 치른 동족상잔으로 우리의 금수강산은 잿더미가 되어 세계에서 가장 가난한 나라로 내려앉고 말았다. 우리가 지금 잊지 말아야 할 역사적 교훈을 망각하고 있다는 것 또한 유감이다. 한반도는 아직도 남북이 갈려 서로 불신하고 반목하며 대립하는 준전시 상태이다. 너무나 가슴 아픈 현실이다. 한반도는 언제 터질지 모르는 시한폭탄처럼 긴장하고 있다. 이런 불확실한 현실에도 불구 우리 대한민국은 온갖 수난을 극복한 세계적인 모범국가 이기도 하다.

대한민국은 시장경제를 표방하는 자유민주주의 국가이다. 지난날 잘못된 역사도 있었지만, 온 백성이 국난을 슬기롭게 극복해왔다. 이처럼 역사는 반드시 발전하고 있다. 대한민국이 어떻게 세워진 나라인데 대한민국을 부정하는 불순한 무리가 이 땅에서 활개를 친다면 통탄할 일이다. 민주투사란 이름으로 가면 쓰고 나라를 전복하려는 불순한 세력은 척결되어야 마땅하다. 이런 무리는 대한민국의 주적이기 때문이다. 하지만 정권 유지를 위한 불순한 세력을 악용하는 장권도 단호하게 거부한다. 이 지경까지 된 데는 나라를 책임지고 있는 국가지도자, 여야 정치인, 사회 각계의 지도층 책임이 크다. 또한, 국민 개개인의 책임도 있다.

나라 사랑에는 남녀노소, 학벌, 직업, 지역 등 그 어떤 요소도 필요치 않다. 오로지 자발적인 애국심 하나만 요구한다. 나라 사랑에는 여러 갈래가 있겠지만, 내가 생각하는 애국은 작은 실천에서 나온다고 확신한다. 누구나 말로는 애국을 부르짖지만, 막상 애국을 실천에 옮기는 일은 그리 쉽지 않다. 국경일에 태극기 한 번 달고, 평소에 무궁화 한 송이 심고 애국가를 부르는 것이 애국심의 기준이 될 수는 없겠지만, 나라를 사랑하는 진정한 백성이라면 모두 다 실천하지 못하더라도 최소한 한 가지만이라도 실천하는 것이 국가에 대한 기본 예의이다. 애국심을 고취시키는 것 또한, 국가발전에 크게 이바지하는 것이 된다. 초중고 다닐 적 나는 태극기도 직접 그려보기도 하고 선생님으로부터 무궁화 꽃에 관한 이야기도 듣곤 했었다. 애국가도 많이 불렀던 기억이 생생하다. 극장에 가보면 본 영화가 상영하기 전 '대한 뉴스'가 먼저 상영되었다. 태극기가 펄럭이고 무궁화 꽃이 활짝 자태를 드러내고 애국가가 근엄하게 울려 퍼지면 누구나 할 것 없이 모두 의자에서 일어나 왼쪽 가슴에 손을 얹고 국기에 대한 명세를 했다.

국기에 대한 경례! 나는 자랑스러운 태극기 앞에 자유롭고 정의로운 대한민국의 무궁한 영광을 위하여 충성을 다 할 것을 굳게 다짐합니다. 바로!

내가 국기에 대한 경례와 애국가를 가장 많이 불렀던 때는 군대 생활했던 십몇 년이었다. 매일 국기 게양식과 국기 하강식에서는 국기에 대한 충성을 맹세 했다. 그때는 태극기와 무궁화만 봐도 숙연해지고 애국가가 흘러나오면 가슴이 뭉클했다. 강산이 몇 번 바뀌고 바뀐 21세기 오늘날 대한민국은 눈부신 발전과 경제성장을 이룩한 세계의 으뜸 국가가 되었다. 이처럼 나라 발전의 원동력도 바로 애국심이 아니었을까 생각한다. 이럴 때일수록 우리 각자는 맡은 일에 충실하고 나라 사랑에 서로 힘을 모아야 한다.

나는 지난 팔월 책을 빌리러 '경기도립 녹양도서관'에 들린 적이 있었다. 도서관 담장 밑에 몇 그루 나뭇가지에 열매가 달려있고 꽃도 피어있었다. 흔히 볼 수 있는 열매는 아닌 듯했다. 열매 쪽으로 다가섰다. 벌레처럼 생긴 '일본목련'이다. 일본목련 옆에 몇 그루의 무궁화 꽃도 활짝 피어있었다. 우리나라 꽃! 무궁화다. 그런데 무궁화 꽃이 고독해 보였다. 명색이 대한민국 국화인 무궁화가 이렇게 외롭고 쓸쓸해서야 되겠나 싶었다. 무궁화는 그다지 화려하지는 않지만, 은은하게 피는 우리 민족의 혼과 일맥상통하는 지조 있는 꽃이다. 무궁화는 보면 볼수록 매력 있고 아름다운 꽃이다. 무궁화나무를 정성껏 심고 가꾸어 금수강산 방방곡곡에 무궁화 꽃이 만발하고 백성 가슴마다 애국심이 뿌리를 내리는 것이다.

지난 8·15 광복절 날 이른 시간에 태극기를 달면서 아파트 단지를 살펴봤다. 이른 아침이어서인지 태극기가 몇 집만 게양되어 있다. 정오쯤 다시 베란다 바깥으로 머리를 내밀고 태극기가 걸려 있는지를 살펴봤다. 휴~ 다행이다. 대략 삼분의 일쯤 태극기가 걸려 있었다. 잠시 후 아파트 관리실에서 안내방송이 흘러 나왔다. "지금 경민대학교에서 기부한 태극기를 무료로 나눠드리고 있으니 주민 여러분은 테니스장으로 나와주시기 바랍니다." 선착순 100명이란다. 아직 태극기가 없어 국기를 달지 못하는 가정이 있지 않았나 싶다. 그래서 태극기를 달고 싶어도 못 달았던 것은 아닌지, 내가 괜한 걱정을 하고 있다.

아름다운 꽃

 주변을 돌아보면 딱한 사람도 착한 사람도 많다. 타인의 눈에 비친 나 자신도 딱한 사람일 수 있다. 때로는 사람이 착해서 탈이라는 생각을 하곤 한다. 착하게 사는것이 당연하지만, 착해서 손해 볼 확률이 높다는 것이다. 귀신도 착한 사람을 깔본다는 말이 있듯이 못된 사람들은 착한 사람 노리는 데는 재주가 있다. 그래서 사람들은 착한 사람을 바보라고 부르기도 한다. 착해서 바보인 사람을 어리석은 사람으로 조롱받기도 한다. 그래도 나는 약삭빠른 사람보다 착한 사람이 훨씬 더 좋아한다. 약삭빠른 사람은 바보 소리를 듣지 않을지언정 가까이할 수 없는 사람들이다.
 가끔 친구들과 만나면 착한 친구 이야기를 하곤 한다. 너무 착해서 일이 잘 안 풀린다고, 착한 것이 아니라 바보 같다는 말까지 서슴없이 한다. 이런 말을 함부로 뱉을 자격이 있는지는 잘 모르겠지만, 그래도 나는 직설적으로 말한다. 우리는 서로를 불알친구 소꿉친구라 부른다. 친구는 한때 굉장히 힘 있는 사람을 보좌한 적도 있다. 내가 중위 계급을 달고 모 사단 작전처에 근무하고 있을 때 친구는 까만 세단을 몰고 면회 온 적이 있다. 나는 깜짝 놀랐다. 그때 친구는 현역 병사였는데 어디에서 어떤 근무하는지도 전혀 모르고 있었다. 친구는 나에게 세단은 영감이 타는 승용차라 했다. "영감이 타는 승용차…." 나중에야 친구가 어디에서 근무하는지 알게 되었다. 그 뒤로 몇 번 더 친구를 만났다. 그 후 서로 소식이 닿지 않다가 내가 전역한 후 우리는 자연스럽게 중·고등학교 재경동창회에서 다시 만났다.

친구는 근면·성실하고 꾸밈이 없는 항상 미소를 짓고 사는 인상 좋은 얼굴이다. 친구는 금속 관련 회사에 다니다가 그만두고 이것저것 닥치는 대로 일을 하며 살고 있다. 지금은 혼자 비닐하우스에서 기거하면서 은둔 아닌 은둔생활을 하고 있다. 비닐하우스에서 생활 한지 아마 몇 년이 되었을 성싶다. 나도 친구가 사는 비닐하우스를 몇 번 찾아갔었다. 비닐하우스 안에서 생활하는 것이 얼마나 불편한지 잘 안다. 하지만 친구는 불편한 것을 전혀 내색하지 않고 편안하다고 한다. 무슨 사연이 있기에 이곳으로 도피처를 정했는지 궁금하지만, 일부러 물어보지 않았다. 굳이 물어보지 않아도 알기 때문이다.

친구는 최근 홀어머니를 이곳에 모시고 산다. 어머니는 골다공증 수술을 위하여 시골에서 올라와 수술 잘하고 재활치료차 몇 개월 이곳에서 지내고 계신다. 친구는 동생들도 있지만, 어머니가 이곳을 고집하시어 함께 살고 있다. 아들이 일 나가면 어머니는 그림을 그리신다. 어머니는 그림에만 소질이 있는 것이 아니라 노래도 참 잘 부르시고 시도 짓는다고 한다. 어머니는 '제1회 행복 마을 만들기 콘테스트'에서 '안심마을'이 소득체험 부문에서 대통령상을 받은 적이 있는데 이때 20여 명의 마을 할머니들이 한복을 곱게 차려입고 물레방아골 노래 퍼포먼스를 펼쳐 '행복한 마을 모습'을 연출해 눈길을 끌었다는 기사를 봤다.

당연히 친구 어머니가 빠질 리가 없다. 어머니의 이름은 김일수 할머니시다. 올해 여든다섯 마음은 아직 동심이다. 어머니의 그림은 동화 같기도 하고 그림 속에 당신의 꿈과 희망이 꿈틀대는 듯한 고요하고 평온함에 마음이 찡했다. 어머니가 하루빨리 쾌차하시어 건강한 모습으로 마음 놓고 그림 그리고 시 짓고 노래할 수 있는 날이 왔으면 하는 마음 간절하다. 세상에는 가난하지만, 용기와 희망을 잃지 않고 살아가는 숨은 사람들이 참 많다. 이런 사람들의 삶은 가난하지만 각박한 세상에서 아름다운 참모습이다. 친구는 얼마나 더 견뎌내야 만이 긴 터널을 빠져나올 수 있는 걸까? 어머니를 뵈러 한 번 간다 간다 해놓고 아직 못가 죄송하다. 효도의 으뜸은 "부모님 마음을 편안하게 해

드리는 거"라 했다. 동심이 담긴 어머니의 해맑은 그림을 보고 있노라면 멀리 떠나신 우리 어머니가 그립다. 또한, 여든일곱 되신 책 읽기를 좋아하시는 장모님 얼굴이 어른댄다.

__부성애__

 자식을 사랑하지 않는 아비는 아마 세상에 없을 것이다. 이런 사랑을 부성애라 한다. 부성애는 일반적으로 모성애보다 인지도가 떨어지는 편이다. 어느 책자에 보니 대체로 포유류와 같이 체내수정인 동물일 때 모성애가 강한 경향이 있고 어류와 같이 체외수정인 경우엔 부성애가 강한 경우가 많다고 한다. 하지만 몇몇 통계에서는 인간도 딱히 부성애가 약하다고는 볼 수 없다는 이론도 있다. 심지어 모성애보다는 부성애가 더 강하다는 결과도 제시하기도 한다.

 부모와 자식 간에 모성애든, 부성애든 당연한 것을 두고 왜 하필 부성애 타령이냐고요? 묻는다면 나는 머뭇거릴 수밖에 없다. 아직 부성애에 대하여 내 사랑이 부족하기 때문이다. 말로는 사랑을 강조하지만, 사랑을 실천하기란 엔간히 어려운 일이 아니다. 그래서 참 민망할 뿐이다.

나는 아들 하나 있는데 참 유별나다. 이팔청춘에 인생 다 산 것처럼 산전수전 다 겪었다. 기구한 운명인지 타고난 팔자인지는 모르지만, 평범하지 않은 것만은 틀림이 없다. 아비가 지어준 아들 별명은 역마살이다. 역마살(驛馬煞)은 한곳에 머물지 못하고 늘 이리저리 떠돌아다녀야 하는 액운이 아니던가? 아들은 지난 수년간 어떤 핑계를 대서라도 집을 벗어나기를 자청했다. 이해할 수 없는 행동에 화가 치밀었다. 아들은 아들대로 나는 나대로 엄마는 엄마대로 할 말이 많았다. 집안 분위가 톱니바퀴처럼 유기적으로 잘 돌아가는 것이 아니라 삐꺽거리며 엇박자를 내면서 불안하게 돌아가는 것이었다. 집안 공기는 냉기류가 흐르고 뭔가 터질 것만 같은 시한폭탄 같은 분위기이다.

난기류는 부자간의 갈등에서부터 시작됐다. 아들은 자기 자신이 하는 모든 일에 부모가 간섭하고 통제하고 지적한다는 것이었다. 간섭받지 않고 자기 멋대로 하기를 원했던 아들의 반항심의 수위는 점점 높아져 갔다. 참 가슴 아픈 일이었다. 어떻게 해야 아들의 마음을 다잡을 수 있을지 난감했다. 그래 네가 원한다면 마음대로 해보렴, 아들은 집에서 떨어져 생활하기로 했다. 복학해서 처음에는 학교 근처 오피스텔에서 약 일 년간 생활했다. 성한 몸이 아니었던 아들은 결국 집으로 돌아왔다. 재발한 암을 치료해야 했기 때문이었다. 아들은 2005년 찔레꽃 머리에 최초 '호지킨 림프암' 판정을 받았다. 이름도 생소한 혈액암 판정에 믿기지 않았다. "한창 젊은데 무슨 암이라고 아마 오진일 거야!" 애써 외면해 보지만 현실은 분명히 암에 걸린 것이 맞다.

 말로만 듣던 암에 내 아들이 걸렸다니 모든 것이 와르르 무너지는 심정이었다. 아들의 기구한 운명은 이렇게 시작되던 것이다. 암 덩어리 제거 수술 후 6개월 방사선 치료, 1년 후 암 재발, 항암 치료를 몇 차례 반복한 후 다시 재발하였다. 이렇게 해서 아들은 치료 기간만 8년이 걸렸다. 암이 재발할 때마다 우리는 희망보다 절망하고 있었다. '인명은 재천이다'라는 말을 새기며 온갖 노력을 다하면서 천명을 기다리는 수밖에 없었다. 마지막 수단으로 선택한 치료가 자가 '조혈모이식수술'이었다. 이 수술은 힘든 수술이다. 고용량의 항암을 환자 몸체에 투입하여 암세포를 죽인 다음 체내에서 채취한 조혈모세포를 다시 주입하여 이식하는 수술법이며 완치율이 높다. 이 수술을 받기 전 우선 시급한 것은 아들의 쇠약해진 몸을 끌어올리는 것이었다.

 나의 제안으로 우리 가족은 매주 특별한 일이 없으면 산행을 하기로 했다. 산행을 싫어하는 아내도 아들을 위하는 길이라면 뭐든지 하겠다는 것이다. 이렇게 시작한 산행은 10개월간 계속되었다. 높고 낮은 산은 물론 경관이 수려한 곳을 찾아다니며 몸과 마음을 단련시켰다. 우리가 올랐던 산은 아마 백여 곳이나 된다. 아들의 몸 상태가 좋지 않아 산을 오르다 중간지점에서 포기하고 도로 내려온 적이 한두 번이 아니었다. 그래도 아들은 산행을 포기하지 않았다. 오르면 오를수록 몸 상태가 좋아지고 마음도 여유가 생겨났다. 산은 아들을 도와준 은인 같은 고마운 존재이다. 우리 가족은 함께 산을 오르면서 서로 조금씩 마음의 문을 열게 되었고 좀 더 가까워져 갔다.

늦게 철이 든 아들은 8년의 세월 동안 더욱더 성숙한 청년으로 탈바꿈했다. 아들은 며칠 전 타 대학교 졸업영화에 주연으로 발탁되어 일주일간 영화 촬영을 다녀왔다. 아들은 촬영 장비에 부딪혀 가슴팍에 멍이 들고 왼쪽 손목이 골절되는 8주 진단을 받았다. 예정된 영화 촬영이 무산되고 속이 상한 지 풀이 죽어 있었다. "아들, 우선 몸이 건강해야 하고 싶은 일도 마음대로 할 수 있다." 딴생각 말고 깁스 풀 때까지 돌아다니지 말고 조심하면 좋겠다.

아파트를 걷다 보면 화단에 야생 인동초가 꽃을 피웠다. 붉게 핀 인동초가 내 안에 들어온 것이다. 인동초를 한참 바라보노라니 인동초 꽃부리에서 부성애가 달린 듯 선명하다. 다시 새해가 밝아오고 햇살이 눈이 부시다. 새해도 어느덧 달이 바뀌고 바뀌 졸업시즌이 돌아왔다. 오늘은 아들의 졸업 날이다. 집에서 출발한 지 1시간 20여 분만에 학교에 도착했다. 정문 입구에 꽃다발 파는 아주머니들도 덩달아 바쁘다. 졸업식이 있는 실내체육관에 올라가니 체육관을 꽉 메운 졸업생과 졸업생 친인척으로 북적댄다. 졸업식을 별도로 거행하는 것이 이 학교 공연영화학부 (뮤지컬전공, 영화전공, 연극전공)의 전통이라 했다.

　학위증서도 한 사람씩 단상에 나가 받을 때마다 큰 박수가 터져 나왔다. 이날만큼은 졸업생과 후배들 그리고 축하객 모두 밝은 표정이다. 여기저기 카메라 불빛이 번쩍이며 왁자지껄하다. 아들은 입학하고 13년 만에 졸업장을 받았다. 대단한 일이다. 아들의 앞날에 축복을 기원하며 힘차게 박수를 보냈다.

인생을 벼리다

   꿈을 벼리는 자 희망이 있고, 희망을 벼리는 자 꿈이 있다. 꿈과 희망이란 단어를 가지런히 모아 본다. 참 긍정적이다. 절망 안에서 희망을 싹 틔우고 작은 꿈 하나 키우는 사람 여기 있다. 그의 청춘은 국가에 몸 바치고 12여 년간 포병장교로서 군대 생활을 마무리하고 사회에 뛰어들었다. 사회생활이 막막했다. 이력서를 들고 여기저기 기웃거려 봐도 뾰쪽한 일자리를 찾지 못했다. 오라는 곳마다 영업직이었다. 정수기 판매원, 책 외판원, 건설회사 현장 직원, 잡지사 직원 등을 몇 개월씩 전진하다가 그만두고 새로운 일자리를 구하기 위해 쉬고 있었다. 이런 사위가 딱해 보였든지 장인어른은 동서가 운영하는 무역회사에 취직을 부탁했다.
   이렇게 해서 나는 금속과 인연을 맺었다. 무역회사가 생소하고 어떻게 적응해야 할지 엄두가 나지 않았다. 한마디로 두려웠다. 우선 무역 용어부터 숙지하면서 나 자신이 할 수 있는 일부터 하나하나 배워나갔다. 야간에는 일어 학원에 다녔다. 원자재는 주로 일본과 미국에서 수입했다. 나의 주 업무는 영업이었다. 회사가 취급하는 주요 품목은 우리나라에서는 생산하지 않는 티타늄과 티타늄 합금, 니켈과 니켈 합금 등 특수금속류였다. 금속도 사람 이름만큼이나 종류가 다양하다는 것을 이때 처음 알았다. 금속에 관련된 책자와 세계의 유명 철강회사의 카탈로그를 끼고 살다시피 해 금속을 이해하는 데 노력하였다.

금속의 특성과 성질, 용도 등을 숙지하고 외우고 그리고는 신규 거래처를 개발했다. 이런 기본적인 사항을 모르고서는 영업을 할 수가 없다. 금속을 판매하려면 기본 절차 정도는 우선 알아야 한다. 금속에 관한 상식과 무역 용어는 물론, 금속의 무게 계산 방법도 알아야 한다. 가방 속에는 항상 일기장, 필기구, 계산기가 들어 있다. 사람마다 몸무게가 다르듯이 금속에도 종류에 따라 비중이 다르고 금속 형태에 따라 무게가 다르다. 계산은 수학 공식에 따라 한다. 예를 들면 봉(Round bar)을 계산 방법은 반지름 X 반지름 X3.14($\emptyset$) X 길이 : 10-6 하면 중량이 몇 kg인지 나온다. 금속의 비중을 몰라 엉뚱한 금속 비중을 적용하여 무게를 잘못 계산하여 낭패를 본 적도 있다.

나는 영업에 필수 사항을 어느 정도 숙지하고 사장 따라 첫 방문지로 갔다. 복장은 단정하게 하고 나이에 상관없이 상대방에게는 공손해야 한다는 사장의 말을 새기면서 회사를 방문했다. 내가 간 첫 방문지가 대기업 서울 본사였다. 대기업에 근무하는 사람들은 질서가 있고 분주하게 보였다. 접견실에 기다리는 데 우리를 찾는 사람이 다가왔다. 명함을 교환하고 서로 인사를 나누었다. "김형출입니다. 잘 부탁합니다." 긴장한 탓에 내 얼굴은 온통 식은땀 범벅이 되어 민망했다.

"김 과장님, 오늘 미팅 어땠어요?" 사장의 묻는 말에 "긴장해서 송구합니다." 한마디로 긴장된 것을 숨기지 않았다. 첫 만남이라 긴장을 많이 했나 보다. 이때부터 나는 사람을 만날 때마다 일기장에 메모했다. 그때그때 미팅 내용을 육하원칙에 의해 간략하게 기록하고 필요할 때마다 꺼내 보곤 했다. 이런 습관은 영업에는 물론 나의 인생에 많은 도움을 주었다. 열심히 영업하고 주문받을 때 그 기분은 이루 말할 수 없이 기쁘다. 하늘을 나는 기분이랄까? 주문받은 날은 밥값이라도 한 것처럼 더 신이 난다. 나는 날로 영업에 익숙해져 갔다. 혼자 지방을 다닌 적도 수없이 많다. 울산 석유화학단지, 부산 사상 공장지대, 여천 석유화학단지, 양산 산업단지, 대덕연구단지 등 전국의 공장이 있는 곳이라면 거의 안 가본 곳이 없을 정도였다.

나는 다니던 회사에 5년 동안 최선을 다해 근무하고 독립하기 위해서 그만두었다. 나의 꿈은 무역회사를 하나 차리는 것이었다. 당시 무역회사 설립요건은 좀 복잡했다. 아시아지역 중 한

군데를 포함해서 세계 여러 나라에서 두 군데 에이전트가 있어야 하고 통장 잔액이 오천만 원 이상이 들어있어야 한다는 조건도 있었다. 지금은 무역회사 설립 조건이 허가제에서 신고제로 완화되었고 누구나 다 무역 거래를 할 수 있다. 회사를 설립하고 일단 3년만 넘기면 망하지 않는다는 말이 돌 곤 했었다. 그만큼 살아남기 어렵다는 것이었다. 처음에는 국내 철강류 판매회사로 시작했다. 직원이라 해봐야 아내와 나 단둘이었다. 아내는 내부 일을 도맡아 하고 나는 주로 영업을 뛰었다. 아내는 영문학이 전공이었다.

아들이 초등학교 5학년 때부터 아내는 회사에 출근했다. 그래서 아내는 늘 아들에게 미안한 마음을 가지고 있다. 아들은 이때부터 혼자 학교에 다니고 점심도 혼자 잘 찾아 먹곤 했다. 아들은 혼자였지만 말썽 부리는 일 없이 잘 컸다. 그 후 아들도 역경과 시련이 있었다. 군대 생활 복무 잘 마치고 학교 복학하고 '호지킨 림프종' 발병으로 8년간의 긴 투병 끝에 항암 주사를 반복하다가 '조혈모이식수술'로 기적적으로 몸이 회복되어 자기 자신이 좋아하는 배우로 활동하고 있다.

맨몸으로 시작한 나는 몇 차례 큰 고비가 있었다. 지금도 그때만 생각하면 현기증이 난다. 전국 규모 사기단에 납품한 원자재 대금을 몽땅 날리고 절망에 헤매던 일이 고스란히 떠오른다. 사기꾼을 잡아달라고 청와대에 탄원서를 내고 사업장 소재 경찰서에 조사받던 일, 사기꾼 몇 사람을 검거했다며 범인과 대조차 충북 경찰청에 출두하라는 연락을 받고 달려갔던 일, 결국 이 사건은 돈 한 푼 건지지 못하고 보상 하나 받지 못하고 흐지부지 끝나고 말았다. 당시 피해액만도 수백억이 넘는다는 텔레비전 뉴스를 보면서 치를 떨었다. 피해 품목은 금속류뿐만 아니라 농기구, 가구, 자동차, 모피 등 닥치는 대로 사기를 쳤다.

 전국에서 모인 피해자만도 수백 명이 되었으니 그 피해 규모가 얼마만큼 컸는지 짐작이 간다. 피해자는 영세업자부터 중견기업까지 다양했다. 그 뒤 소문에 의하면 적지 않은 피해업체가 사기꾼에게 물린 돈 때문에 도산하거나 사업을 접었다고 들었다. 나도 쓰러지지 않으려고 발버둥 쳤다. 수천만 원 빚 갚는 데 수년이 꼬빡 걸렸다. 이때 고통과 아픔은 이루 말할 수 없었다. 한편으로는 고통은 컸지만, 비싼 비용을 지불하고 얻은 소중한 경험은 나의 삶에 반성과 성찰의 계기가 되었다. 이때 나는 인생 공부를 많이 했다. 특히 돈에 관한 공부랄까? 사람에 관한 공부랄까? 아직도 서랍 속에는 부도 맞은 빛바랜 약속어음이 몇 장 남아있다. 다 지나간 일이지만 나에게는 잊을 수 없는 아픔이었다.

 살아남기 위하여 발버둥 치는 나는 돈에 대해서는 누구보다도 철저한 편이다. 돈의 위력과 위험성을 잘 알기에 돈에 관한 조심한다. 사람이 돈을 이용해서 거짓말을 하므로 흐리멍덩

할 수가 없다. 사람 잃고 돈 잃기 싫어서다. 나는 가진 것은 없어도 신용 하나만큼은 장담한다. 우리 사회도 미국 등 선진국처럼 점차 신용사회로 가고 있다고 믿는다. 신용은 약속이며 약속은 자산임을 확신한다.

세월이 흐르고 흘러 금속과 인연을 맺은 지가 어느덧 이십팔 년이 되었다. 이 기간에 금속 덕분에 잘 먹고 잘 지내왔다. 돌이켜보면 이 세월 동안 나의 삶에도 굴곡이 참 많았다. 미국 파트너와 약속한 것이 있었다. 십만 불짜리 오더(order) 한 건 주문받으면 미국에 한 번 가겠노라고 굳게 약속했다. 내가 설정해 놓은 그 약속이 언제 이루어질 것인지 나 자신도 궁금하다.

이 일을 하면서 가장 보람 있던 일 중 하나가 또 있다. 2010년 머니투데이 제5회 대한민국경제올림피아드 경제신춘문에 부문에 수필 '금속 사랑'이 대상으로 당선되었다. 그해 주식회사 한국철강신문에서 발행하는 월간지 'METAL WORLD' 2010년 2월호 Special Point에 '화제의 인물'로 나의 인터뷰 기사를 싣고 3월호 Special Point에는 '금속 사랑'을 연재했다. 금속과 관련이 있어 인터뷰하고 지면을 배려한 것이다. 개인적으로는 고마운 일이었다.

나는 내 사업을 30대 중반 팔팔한 나이에 시작해서 머리에 서리가 내려앉은 환갑이 지난 지금까지도 자긍심과 자존심 세우면서 내 작은 회사를 꾸려가고 있다. 꿈이라는 게, 희망이라는

게 나이 많다고 가지지 말라는 법 없다. 꿈과 희망은 나이에 상관없이 누구나 꿈꿀 수 있는 아름다운 여유이다. 나의 작은 꿈과 희망 오래오래 간직하고 싶다.

4부

어떤 갈등에 대하여

영웅론

　영웅은 태평 시대에는 절대로 나타나지 않는다. 영웅은 난세에만 나타난다. 영웅은 왜 난세에만 나타나는 걸까, 동서고금에서 그 해답을 찾는다. 영웅이란 명칭도 아무에게나 붙이지 않는다. 영웅은 만인이 우러러 존경하는 인물이다. 영웅은 큰 뜻을 품은 행동에는 비겁함이 없고 시대를 통찰할 수 있는 혜안이 있고 하늘과 땅의 이치를 알고 겸손과 예의, 통솔력과 지도력을 갖춘 인물이다. 하지만 영웅도 완벽하지는 못하다. 사전적 의미에서 영웅은 재치와 담력, 무용이 특별히 뛰어난 인물을 일컫는다.
　잘못된 영웅은 영웅이 아니라 폭군으로 낙인찍힌다. 네로나 궁예 같은 인물이다. 영웅의 전제 요구조건은 많겠지만, 우선 백성의 민심이 중요하다. 민심을 거스르는 사람은 영웅이 될 자격이 없다. 영웅은 민심을 잘 읽고 백성을 편안하게 해 주고 자신의 나아갈 길을 알고 있는 사람이다. 아무리 뛰어난 능력이 있더라도 백성이 싫어하면 그 사람은 영웅이 될 수 없다. 영웅은 대나무 같은 절개와 매화 같은 인품을 지닌 충효와 예를 갖춘 인물이다. 영웅은 인위적으로 만들어지지 않는다. 영웅은 스스로 만들어진다.

영웅은 하늘을 우러러 한 점 부끄러움 없이 오르지 옳은 길만 가는 외로운 인물이다. 영웅은 불의에는 그 어떠한 타협도 있을 수 없다. 목숨을 초개와 같이 버릴 수 있는 용기 있는 인물이다. 나는 영웅을 찾기 위하여 많은 시간을 역사책에서 보냈다. 진정한 난세의 영웅은 누구란 말인가, 역사에 길을 묻는다. 문무를 겸비한 영웅을 찾는다. 김정은 위원장을 설득할 수 있는 영웅을 찾는다. 난국을 수습할 수 있는 영웅을 찾는다. 영웅은 남녀 구분이 없다.

가끔 밤하늘에서 별이 떨어지는 영화 한 장면을 본다. 아, 영웅 한 사람이 세상을 뜨는구나! 이 일을 어찌할꼬? 영웅의 죽음에 온통 애도의 물결이다. 영웅은 떠나도 그의 이름 석 자는 우리 가슴 한쪽에 영원히 남아 있다. 영웅의 이름들이 주마등처럼 스쳐 지나간다. 내가 존경하는 영웅은 부드러운 미소를 지닌 인물이었다. 나라가 위태로울 때 비굴하지 않고 당당하게 불의와 부조리에 맞선 심지가 올곧은 대장부다. 그 영웅은 지금 어디에 계실까.

영웅은 어느 날 갑자기 하늘에서 떨어지지 않는다. 영웅은 비

정상적인 수난의 시대에 나타난다. 수난을 극복하고 정상적인 환경을 복원시키는 인물이 진정한 영웅이다. 정상적인 나라와 평화와 자유가 보장된 나라에서는 영웅이 탄생하기란 쉽지 않다. 백성들은 정상적인 나라에서의 영웅 탄생을 거부할지도 모른다. 영웅이 나타나지 않아도 삶에는 불편이 없고 역사가 평온하면 영웅은 나타나지 않아도 된다. 영웅의 조건은 시대와 평가자에 따라 달라지겠지만, 근본 요소는 변하지 않는다.

 동서고금에 나타난 영웅 중 내 안에 있는 영웅도 있다. 영웅 중의 영웅을 선하라 하면 나는 이분을 간택할 것이다. 아직 우리 앞에 나타나지 않은 영웅, 우리 앞에 영영 나타나지 않을 수도 있는 영웅, 충무공 장군을 닮은 영웅을 갈망한다. 텔레비전에 영웅이 나타났다. 세계의 해전사에 영원히 빛날 우리의 영웅이 나타났다. 영웅의 전략과 전술은 전승이다. 영웅의 탁월한 리더십은 더욱 빛난다. 인정과 칭찬, 존중과 배려, 인품과 덕성, 솔선수범, 전문성 구비, 인재 발탁, 의사소통 등 장군의 인간 중심 리더십은 장군이 순직하고 수백 년이 지났어도 장군의 발자취가 빛나는 것은 무엇인가? 장군이 임진왜란에서 보여준 국난 극복은 영웅이 아니고서는 도저히 승리할 수 없는 불가능한 일이었다.

 장군의 인품이 명량 앞바다에 메아리친다. "아직도 살고자 하는 자들이 있다니 통탄을 금치 못할 일이다. 우리는 죽음을 피할 수 없다. 살고자 하면 꼭 죽을 것이고 또한, 죽고자 하면 살 것이다."라는 장군의 말씀은 빛난다. 아직 남북이 하나 되지 못한 이 땅에 남북통일을 이룰 수 있는 진정한 영웅이 우리 앞에 나타나면 좋겠다. 세계에서 가장 위험한 곳, 전쟁의 불씨가 사라지지 않는 곳, 한반도는 아직 불확실하다. 핵으로 자유와 평화를 위협하고 있는 집단이 있는 한 우리의 영웅은 절실하다. 핵을 제거하고 남북평화통일을 이룩하고 세계의 으뜸 국가가 되는 날, 우리는 모두 역사 한 페이지에 영웅으로 기록될 것이다.

작금의 대한민국은 대통령과 관련된 부패와 무능으로 총체적인 난국이다. 이럴 때 나라를 구할 영웅이 나타나기를 간절히 기원한다. 영웅 출현을 원하지 않았었지만, 작금은 아니다. 영웅 출현을 기다린다. 무능한 정부와 무능한 대통령과 무능한 정치인으로는 위기의 국가를 구할 수 없다. 국정농단'의 오물을 깨끗이 쓸어내고 대한민국을 반듯하게 다시 세울 영웅은 아직 우리 앞에 나타나지 않았다. 그 영웅은 어디에 계시는가?

아름다움의 충고

오늘도 무언가가 나를 유혹한다. 어쩌면 저리도 예쁠까? 매화가 곱다고 소문이 자자하지만, 저기에 꽃을 볼 때마다 매화 못지않게 홍조가 예쁘고 앙증맞다는 생각을 한다. 원줄기에서 나무초리까지 미끈하다. 애채가 생명을 부른다.

우리 동 아파트 화단에만 두 그루 나무가 튼실하게 자라고 있다. 십삼 년 전 이곳에 입주할 당시만 하더라도 여러 나무 사이에서 존재감이 없어 눈길을 끌지 못했다. 어느새 쑥쑥 자라 이제는 제법 제구실을 하고 있다. 사오월만 오면 나는 사랑에 빠져 눈이 먼다. 연분홍빛 얼굴에 순백한 미소를 지닌 귀엽고 자그마한 꽃은 내가 찾던 앙증맞은 그 애인이다. 출근할 때 두 번 보고 퇴근할 때 세 번 보면서 사랑을 속삭인다. "꽃아, 어쩌면 좋아!" 보면 볼수록 내 마음이 네게로 가는 것이 지금 나는 상사병에 걸렸는지 모르겠다. 꿈속에서도 너와의 사랑이 각별하니 어쩌면 좋단 말인가? 내 마음속에 그 사랑을 오랫동안 새겨두기 위하여 네 모습을 카메라에 담기도 한다. 찰칵찰칵, 찰칵! 너는 너의 조상이 누구기에? 그렇게도 아름다운 모습으로 태어났어? 참 기특하구나. 예전에 너의 부모님을 만났고 얘기도 좀 나누어 봤는데 너에 대하여 칭찬이 자자하더구나.

 남들은 너의 아버지에 대해서는 키도 훤칠하고 얼굴 잘생겼다고 칭찬이 자자하지만, 너의 어머니에 대해서는 얼굴이 못생겼다고 수군대더라. 너는 어머니 흉을 봐도 조금도 동요하지 않고 어른스럽게 받아넘길 줄도 알고 부모를 공경할 줄도 아는 효심이 심청이 못지않다고 하더구나. 과히 효녀다. 너의 조상이 장수하는 이유도 알 것만 같다. 향나무나 주목 부럽지 않다고 들었다. 너의 어머니를 뵐 때마다 느끼는 것은 인생살이 쓴맛 단맛 다 겪고 황혼기에 들어선 완숙의 여성을 보는 듯하다. 얼마나 아름다움인가? 가을이면 노랗게 익어 탐스러운 향기가 좋아 언제나 내 곁에 두고 싶어 안달하며 코끝에 살짝 들이대고 작은 여유를 탐하기도 한다.

 사람들은 너를 나무에 달린 참외라는 별명까지 붙여주었다지? 함부로 씨를 뿌리지도 않고 고고함을 지닌 자존은 아무에게나 열매를 내어주지도 않는다고, 시큼한 맛과 떫은맛은 단맛만 좋아하는 사람들에게 경종을 울리기도 한다. 몸에 좋은 약은 입에는 쓰다고 한다. 이 과일은 비타민C와 구연산, 사과산, 사포

닌, 타닌 등이 풍부하여 각종 약재로 쓰인다. 소화불량이나 설사 뒤에 오는 갈증을 멎게 하고 위장병에도 좋고 핏줄과 뼈를 튼튼하게 하는 데에도 좋고 팔다리 근육이나 무릎 근육 보강에도 좋다. 또한, 폐와 기관지를 튼튼하게 하고 혈액순환에도 좋다.

 사람들은 언제부터인가 예뻐지기 위하여 얼굴은 물론이고 특정 부위까지 성형한다. 예뻐지려다가 오히려 추녀가 되기도 하고 목숨까지 잃은 의료사고가 발생하기도 한다. 진정한 아름다움은 눈에 보이는 아름다움만이 아닐 터, 어디에선가 은은하고 그윽한 향기가 난다. 향기의 진원지는 댓잎 바구니 안이다. 노랗게 잘 익은 열매가 향기를 마구 품어내는 것이다. 향기롭고 울퉁불퉁 개성 있고 튼실한 너는 아름다운 여인과도 같다. 사람들은 그런 널 못생겼다고 수군대는지 알 수가 없다. 시집의 책갈피를 넘기면서 너의 냄새를 맡는다. 눈을 살며시 감으면 너의 살갗이 나의 피부에 와 닿는다. 촉감 한 번 좋다.

 올가을에는 열매가 다 익기도 전에 따먹는 일이 없기를 바란다. 아파트 단지 내에 있는 과실나무 열매는 주인이 없는 것이 아니라 주인이 나타나지 않을 뿐이다. 이곳에 사는 주민 모두가 주인이기 때문이다. 작년 가을에도 이 열매가 제법 많이 달려있었다. 하루하루 자고 나면 열매는 한두 개씩 없어졌다. 높은 가지에 달린 열매를 어떻게 털어갔는지 속상했다. 올해는 이런 몰상식한 사람이 나타나지 않기를 바란다.

내 주변에는 이 열매 같은 사람들이 있다. 겉보기보다 속이 아름다운, 매력을 지닌 사람, 늘 겸손하고 남을 배려할 줄 알고 인정이 많은 사람, 사람들은 이 사람을 다 좋아한다. 꾸임이 없고 늘 솔직담백하고 경위가 바른 사람, 나도 그 사람을 닮고 싶다. 어느 것 하나 버릴 것이 없는 널 기억한다.

동지(冬至)

　동지(冬至) 하면 퍼뜩 떠오르는 것은 일 년 중 낮이 가장 짧고 밤이 가장 긴 날, 이십사절기(二十四節氣)중 하나, 팥죽 먹는 날 등이다. 동짓날은 낮이 가장 짧아 음이 극에 이르는 날이다. 이 날을 계기로 낮이 조금씩 길어지기 시작해서 소멸되었던 양의 기운이 되살아나기 시작했다. 이 때문에 고려 시대에는 '동짓날은 만물이 회생하는 날'이라 하여 짐승과 생물에 대해 살생을 금하였고 이날을 태양이 죽음으로부터 부활하는 날로 여겨 축제를 벌이는 등 경사스럽게 제사를 올리기도 하였다 한다.
　이렇듯 동지는 만물이 회생하는 날, 새해가 시작되는 날이라 하여 아세(亞歲)라 불렀다. 아세는 흔히 말하는 '작은설'인 셈이다. 그래서 옛말에 '동지를 지나야 한 살 더 먹는다.' 혹은 '동지 팥죽을 먹어야 한 살 더 먹는다.'라는 말이 전해지고 있다.
　동지를 새해 첫 달로 삼기 시작한 것은 주(周)나라이다. 주나라 때에는 동짓달인 11월, 즉 쥐의 달(子月)을 정월로 삼고 1년의 첫출발을 시작하였다. 이는 동짓날 양기가 처음 움트기 시작한 것에 근본을 두었기 때문이다. 곧 천기(天氣)의 뜻이라 했다. 반면 중국의 상(商) 나라는 동짓달이 아닌 정월을 새해의 첫 달로 삼았다. 범의 달(寅月)인 정월을 삼은 까닭은 동짓달부터 땅 속에서 움트기 시작한 양기가 정월에 하늘로 상승한 것을 근본으로 삼았기 때문이다. 이는 곧 땅(地)을 본받은 것이다. 동짓날엔 으레 팥죽 먹는 날로 여겼다. 동짓날 먹는 팥죽을 '동지팥죽' 또는 '동지두죽'이라 한다. 집집이 팥을 삶아 체에 걸러 그 물에다 찹쌀로 단자를 새알만큼씩 만들어 죽을 쑤는데 이 단자를 '새알심'이라 한다.

 나는 어릴 적에 그냥 '새알'이라 했다. 동지팥죽은 먼저 조상 단지에 아래 놓고 예를 올린 다음 방이나 마루, 광 같은 곳에 한 그릇씩 떠다 놓기도 하고 대문이나 문짝, 벽, 기둥에 뿌리고 난 후 이웃과 나누어 먹곤 했다. 옛날 중국 요순 때 형벌을 담당하던 공공씨(共工氏)가 못된 아들 하나를 두었는데 그 아들이 동짓날 죽어서 전염병의 귀신이 되었다. 그런데 이 역질 귀신은 살아생전에 붉은팥을 무서워하였다. 그런 까닭으로 동짓달에는 팥죽을 쑤어 귀신을 쫓는 풍습이 생겼다는 설이 있다.

 우리 조상들은 예로부터 붉은색은 부정과 잡귀를 물리치는 마력이 있다고 믿었다. 도깨비가 집안에 들어오지 못하게 말 피를 대문에 바른다든지, 사내아이를 출산하면 대문 금줄을 치고 고추를 달아맨다든지, 할머니들이 저승길이 밝아진다고 해서 손톱에 봉숭아 물 드리는 일, 혼례 때 청홍색의 실을 초례상에 거는 습속 등도 같은 이유에서다. 또한, 조상들은 경사스러운 일이 있을 때나 재앙이 있을 때는 팥죽, 팥밥, 팥떡을 해서 먹는 풍습이 있었다. 요즈음도 이러한 풍습이 이어져 고사를 지낼 때는 팥떡을 해서 고사를 지내고 있다. 고사의 목적은 사업하는 사람은 사업이 번창하기를 기원하고, 공사하는 사람은 공사가 아무런 사고 없이 완공되기를 기원하는 것이다. 이처럼 팥이 들어가는 음식은 소원을 이루어준다고 믿었다.

그러면 왜 붉은색은 잡귀를 쫓는 힘이 있다고 여겼을까. 붉은색은 방위로 봤을 때 남쪽이다. 남쪽은 음양으로 보아 양에 속한다. 양은 음을 이길 수 있다. 또 남방은 불(火)을 상징한다. 붉을 적(赤)을 풀면 큰불(大火)이 된다. 불은 귀신이 가장 무서워하는 존재다. 그러므로 불로 상징되는 붉은색은 귀신을 쫓을 수 있다고 여겼던 것 같다.

고대 사회에서는 달력을 매우 귀중하게 여겼다. 특히 고대 중국에서는 달력을 하나의 통지 수단으로 삼았기에 황제만이 달력을 만들 수 있는 권한을 가졌다. 왜냐하면, 역서나 달력은 농업이나 어업을 종사하는 사람에게는 기후 안내서로서 없어서는 안 될 필요한 지침서이기 때문이다. 우리나라에서도 해마다 동지가 되면 관상감에서 새해 달력을 만들어 나라에 바쳤다. 국왕은 여기에 '동문지보'라는 어보를 찍어 좌우에 놓고 보거나 백관에게 나누어주었다. 가장 잘 만들어진 달력을 황색으로 장식된 황장력이고 그다음이 청장력, 백장력이다.

한편 동지가 되면 내의원에서는 계피, 후추, 설탕, 꿀을 쇠가죽과 함께 푹 끓여서 고약을 만드는데, 이를 전약(煎藥)이라 하였다. 제주도에서는 매년 동지 무렵에 특산물로서 귤을 상감에게 진상하였다. 그러면 궁에서는 귤을 종묘에 올린 다음 여러 신하에게 나누어 주기도 했다.

아내가 동짓날 팥죽을 쑨다고 했다. 새알도 정성껏 만들고 참 오랜만에 동짓날에 맛보는 팥죽이다. 어릴 적 어머니가 쑨 팥죽이 눈에 어른거린다.

"응아야! 새알 맛싯쩨!"

"천천히 묵어라, 새알 언칠라!" 새알 먹으면 한 살 더 먹는다는 말에 동생과 나는 신이 났다. 중학교 국어 시간에 농가월령가(農家月令歌) 몇 대목을 외우지 못해 선생님께 꾸중 듣던 기억이 난다. 농가월령가는 우리 조상이 일 년 12달을 24절기로 구분하여 농사짓는 해법을 근거 있게 제시한 문화민족의 유산이다. 예로부터 우리 민족은 농사를 으뜸으로 여겼다. '농자천하지대본(農者天下之大本)' 또한 '농자만사지본(農者萬事之本)'이라 하여 산업의 기반을 농사에 두었으며, 이 일을 만사의 근본이라 하였다. 땅은 거짓말을 하지 않는다. 농가월령가 중에서 동지에 해당하는 노래를 살펴보면 재미있다.

> 동지는 명절이라 새해가 멀지 않다. / 철음식 팥죽 쑤어 이웃 친척 나눠 먹세 / 새력서 배포하니 래년절기 어떠한고 / 낮이 짧아 덧없이 밤이 길어 지루하다 / 온갖 빚 다 갚으니 빚 관리 아니 오고 / 삽짝 닫았으니 시골집이 한가하다 / 짧은 해에 끼니 마련 자연히 틈 없나니 / 등잔불 긴긴밤에 길쌈을 힘써하소 / 베틀 곁에 물레 놓고 틀고 타고 잣고 짜네 / 자란 아이 글 배우고 어린아이 노는 소리 / 여러 소리 지껄이니 안사람의 재미로다 / 늙은이 일없으니 거적이나 매여보자 / 외양간 살펴보아 여물을 가끔 주소 / 깃 주어 밟은 거름 자주 쳐내야 모이나니.

나 어릴 적 시골 풍경을 그대로 보여주는 것 같아 가난했던 고향의 모습이 떠오른다. 어릴 적 동짓날에는 가마솥에 팥죽 쑤어 이웃집에 팥죽 심부름을 신나게 했던 기억이 난다. 집에 돌아올 때는 이웃집에서 얻은 팥죽도 한 그릇이다.

동짓날 팥죽 속에 저물어가는, 한 해가 아쉽다. 올해도 어렵기는 힘들었나 보다. 새해 달력 하나 얻는데도 쉽지 않다. 은행 창구에 가서 새 달력을 부탁했는데 벌써 다 나갔단다. 나쁜 것은 다 사라지고 정유년(丁酉年) 새해에는 수탉처럼 생동감 넘치는 희망을 기원해본다.

금속론

우주의 시작은 빅뱅에 의해 시작되었다. 가벼운 원소(수소나 헬륨)가 생겨난 후 별 안에서 핵융합이 일어나 철(Fe)과 같은 무거운 원소가 만들어졌다고 한다. 금속은 지구의 기원을 넘어 태양계, 별의 생성과 소멸에서 시작이 되었다. 문명을 세우고 역사의 시대를 바꾼 금속은 인류 문명과 함께 발전해왔다. 금속 활자가 만들어지고 최초로 철 제련이 이루어지고 최초로 만든 농기구가 농업혁명을 이루어낸 지 수천 년이 흘렀지만, 금속은 아직도 굳건하게 지구의 보물로 자리매김하고 있다. 금속이 존재하지 않았다면 문명은 눈부시게 발전하지 못했으리라.

지구의 지각은 하나로 이루어지지 않고 여러 개의 판으로 구성되었다는 판구조론에 고개가 끄떡여진다. 석기시대에서 청동기시대, 철기시대를 걸치면서 금속의 시대로 문이 열리고 발전과 발전을 거듭해 오늘에 이르렀다. 흔하면서도 귀하고 없어서는 안 될 공기와도 같은 존재가 바로 금속이다.

우주와 지구상에는 수만 가지의 금속이 존재한다. 지구 전체를 구성하고 있는 원소는 철이 34.6%로 가장 많고 칼슘과 알루미늄이 1.1%로 가장 적다. 철은 대부분 우리의 손이 미치지 않은 지구의 내핵과 외핵에 존재하기에 지각 위에 존재하는 철은 상대적으로 적다. 지각을 이루는 원소는 산소가 46.6%로 가장 많고, 철은 5% 정도이다. 철은 지구 어디에나 존재하며 심지어는 인간의 몸속에도 일정량 존재한다. 하지만 철광석 대부분은 바다 밑에 매장되어 있다. 20억 년 전 바닷속 원시 박테리아의 광합성에 의해 만들어진 퇴적암층 호상 철광석에는 초록색 철이 많이 녹아있다. 산소(O_2)를 제공해준 원시 박테리아가 없었다면 우리는 숨을 쉬지 못하고 모두 죽었을 것이다.

금속의 제련 과정에서 쇳물이 흘러나오는 것을 보면 환상적이다. 새로움의 탄생을 위하여 펼쳐지는 광경은 그야말로 장관이다. 거대한 용광로에서 매끄럽고 질서정연하게 흐르는 쇳물을 보라, 과히 야금술의 혁명이다. 이제는 꿈의 금속, 미래의 금속까지 등장했다. 앞으로 금속의 진화는 계속될 것이다. 금속 없이는 새로운 기술이나 새로움의 발명도 기대할 수 없다. 우직하고 정직하고 거짓 없는 금속을 대할 때마다 겸손하고 공손해지고 싶은 마음이 생겨난다. 금속은 사람이 다루는 대로 움직인다. 용광로에 넣어도 실컷 두들겨 패거나 내 버려둬도 불만이 없다. 수명이 다한 금속들은 인간을 위해서 재생되어 태어난다. 금속은 인간에게 순종한다. 산업시설, 석유화학, 원자력발전소, 항공우주 산업, 의료기기 및 스포츠 산업 등 우리 생활 주변 어디에나 금속은 존재한다.

사무실 벽에 걸린 티타늄 물고기를 보고 있노라면 평온하고 신비하다. 티타늄 원료에 착색하여 열을 가하고 벼리어서 만든 티타늄 그림이다. 물고기 몇 마리 산호 숲 사이를 오가며 지느러미가 반짝인다.

오래전 일본 티타늄 회사에 일주일간 출장을 갔었다. 티타늄에 관하여 공부를 하고 용접에 대한 지식을 얻기 위해서였다. 티타늄은 소재 특성상 타 금속과는 용접이 안 된다. 진공상태에서 용접해야 만이 용접 부위가 단단하고 금이 가지 않는다. 이때 발생하는 티타늄 불꽃은 영롱한 무지갯빛을 발한다. 빛의 각도, 열의 강약에 따라 불빛과 불꽃은 다른 빛을 낸다. 도심의 거대한 빌딩 숲을 거닐다 보면 단단한 그대의 골격이 부럽고 거대한 유조선이 푸른 바다를 항해하면 너의 인내심이 경이롭다.

달나라에 인공위성을 쏘아 올리면 우주가 온통 금속 세상 같아 입이 벌어진다. 핵폭탄 같은 첨단무기의 가공할 위용을 드러내면 인류가 멸망할까 봐 슬프고 지구가 우주를 떠날까 봐 두려워진다.

　금속과 사귀다 보면 너를 좋아하지 않을 수가 없다. 내 눈에 보이는 것은 온통 너뿐이다. 너를 많이 사랑하고 있나 보다. 어디에 가든 어디에 있든 너는 내 안에 있는 소중한 존재이다. 만년필 펜촉이 여백의 행간을 오가며 금속 문장을 만들어낼 때 사각거리는 소리에서 한없는 고마움을 느낀다.

　너와 함께한 지 어언 삼십 년이 코앞에 다가오니 감회가 새롭지 않을 수가 없다. 내가 취급하는 금속류가 국가경제발전과 산업혁명에 일조하고 있다고 생각하면 자긍심을 느낀다. 금속은 나의 밥줄이며 나를 지탱하는 올곧은 스승이다. 금속에 배우는 지혜가 참 많다. 금속은 거짓말을 모른다. 오로지 있는 그대로만 말한다. 금속은 입이 무겁다. 오해 살 말이나 남을 헐뜯는 말은 절대로 하지 않는다. 금속은 인간에게 무한한 이로움을 주는 지구의 보물이다. 하늘과 바다, 그리고 땅에서 태어나 인간과 함께 공존하는 인류 문명의 대명사이다.

　새로운 금속이 개발되었다는 소식이 들릴 때마다 가슴이 뛴다. 이번에 개발된 금속은 어떤 금속일까? 언제쯤 접할 수 있을까? 상상도 안 되는 긴 시간 쌓이고 쌓인 기술축적으로 만들어진 꿈의 금속들, 미래의 금속들, 우리 몸속에 심은 티타늄 합금(ELI) 인공 심장이나 인공 뼈, 그리고 임플란트 치아며 지금 우리 손에 쥐어진 휴대전화기와 노트북, 가정의 텔레비전 전자제품 등은 금속의 발전에서 비롯한 소중한 문명이다. 귀에 익은 금속들 이름을 불러 본다.

  니켈(Nickel), 모넬(Monel), 하스텔로이(Hastelloy), 티타늄(Titanium), 탄탈늄(Tantalum), 인코넬(Inconel), 이리듐(Lridium), 코발트(Cobalt), 구리(Copper), 알루미늄(Aluminum), 철강류(Mild STEEL), 스테인리스 스틸(Stainless Steel) 등 잊지 못할 이름들이다. 금속도 인간들처럼 결합하여 만들어지고 더불어 사용된다. 우리는 금속의 주인으로서 금속에 고마움을 잊어서는 안 된다.

아름다운 동행

 매년 처가 식구들과 1박 2일 일정으로 여행을 떠났다. 다른 것은 생각하지 말고 몸만 따라오면 된다는 장모님 말씀에 부담이 전혀 없는 것은 아니다. 사위 노릇 한 번 못 해 드린 죄책감에서다.
 장모님은 올해 연세가 91세이시다. 연세가 많지만, 무릎과 청력만 약간 불편할 뿐 아직 정정하시다. 여행을 좋아하시고 찜질방을 좋아하신다. 틈틈이 절에도 가시고 책도 많이 읽으신다. 냉철한 머리와 따뜻한 가슴을 지닌 장모님은 아직껏 경우에 어긋나는 언행은 한 번도 보지 못했다. 그 영향에서 자란 처가 형제들의 우애 또한, 빈틈이 없고 경우가 바르다.

 이번 여행에 함께하지 못하는 식구가 있어 서운하신가 보다. 이들은 직장 다니는 젊은이와 대학생과 고등학생인 처조카들 4

명이다. 그래도 다행인 것은 젊은이 중 유일하게 아들이 함께했다. 장모님을 비롯한 처형들과 동서 처남, 아내와 아들 총 9명이 승용차 2대에 나눠 타고 목적지인 안면도를 향했다. 장모님은 여행이 그렇게도 좋으신지 싱글벙글하신다. 평생 자식들을 위해 사신 분이지만, 느지막하게 황혼을 누리시는 장모님 모습을 뵐 때마다 나 또한 즐겁다.

장모님은 당신이 살아계시는 동안 한해에 한 번만이라도 온 식구가 함께 모여서 즐기면서 오순도순 지내기를 바라신다. 이런 장모님을 둔 우리는 장모님께 더 잘 해 드려야 하는데 그러지 못한다. 가까이 계셔도 한 달에 한 번 찾아뵐 정도이다. 장모님은 내색은 안 하시지만, 섭섭하실 것 같다. 오랜만에 정모님을 찾아뵈면 장모님은 우리더러 좀 더 놀다 가라며 아쉬움을 내보이신다.

나도 모르는 사이에 세상은 점점 각박하게 돌아가고 있다. 세상이 각박했는지 아니면 세상이 몰라보게 변하고 있는지 어리둥절할 때가 한두 번이 아니다. 같은 하늘 아래에서 일 년에 한두 번밖에는 얼굴을 볼 수 없는 세상이다. 앞으로의 세상은 현재보다 더 삭막해질지도 모른다. 남을 의식하지 않고 사는 개인주의 세상이 도래할지도 모른다는 것이다.

장모님 머리카락은 온통 은빛이다. 세월만큼이나 생이 수북하다. 힘들어 키운 자식들 앞에서 주눅이 들지 않고 당당하신

모습은 보기 참 좋다. 소곤소곤 이야기하지 말고 좀 크게 이야기하라는 장모님을 딸들이 벌떼처럼 쏘아붙인다. "엄마도, 보청기 하면 참 좋으실 텐데, 고집은?" 이구동성이다. "애들이 잘 안 들리는 것은 자연현상인데 무엇 때문에 보청기를 해" "엄마도 소통에 문제가 있잖아요?" "텔레비전 볼 때도 잘 들리면 얼마나 좋아요?" 딸들의 아우성에 장모님도 마지못해 보청기 끼는 것을 고려해보겠다고 하셨다.

포항에서 미리 준비한 대게 한 상자를 풀어놓고 게 다리를 훑기 시작했다. 이런 진풍경은 아름다운 추억의 한 페이지로 오랫동안 간직할 참이다. 저녁 식사는 미리 준비해 간 소고기 등심이다. 으스스 바람이 차도 겨울밤은 운치가 있다. 저녁 식사 후에는 참나무 찜질방이다. 우리 식구만 전세 낸 찜질방은 오롯해서 좋다. 언제 이런 자리가 또 나에게 찾아올까? 아름다운 밤이다. 머리끝부터 발끝까지 후끈 피로가 풀린다. 가만히 드러누워 하루를 돌아본다. 하루해가 짧다. 수많은 생각이 별똥별처럼 떨어지는 밤이다.

와이파이가 없는 산골의 밤은 고요해서 좋다. 뜨끈뜨끈한 아랫목에 일렬로 드러누워 오순도순 이야기꽃으로 밤이 깊어가는 줄도 모른다. 어둠 안에서 나직하게 들려오는 인기척에 눈을 떴다. 박명이다. 아래층에서 주무셨던 장모님과 딸들이 벌써 일어나 퇴실을 준비하고 있다. 장모님은 아침 식사로 바지락 칼국수를 드시고 싶다고 하신다. 바닷가에 왔으면 이것을 먹어봐야 여행의 맛이 살아난다고 하셨다. 좁은 땅덩어리에서 날씨도 변화무쌍하다. 창문 너머에는 눈발이 휘날린다. 우리는 서둘러 꽃지 해수욕장으로 향했다. 그곳으로 가는 동안 눈발은 금방 그치고 파란 하늘이 보이기 시작했다. 아침 바닷가는 평온하고 평화로웠다. 썰물이 훑고 간 백사장은 은모래 빛 천국이다. 수평선엔 파란 바다가 옹기종기 펼쳐져 있다. 자연의 위대한 그림이다.

 장모님은 많은 식구가 함께하는 가족 여행을 좋아하신다. 참 멋쟁이 장모님이시다. 한 푼 두 푼 알뜰하게 모은 거금을 자식들을 위해 아낌없이 베푸신다. 매사에 빈틈이 없고 공평하신 장모님은 현 씨 집안의 어른이시고 기둥이시다. 이런 분을 장모님으로 둔 나는 행복하다. 오랫동안 장수 무병하시고 우리 곁에 오래오래 계시면 참 좋겠다.

낫

 서슬이 퍼런 날카로운 낫 한 자루를 골라잡았다. 부모님 산소에 벌초하기 위해서였다. 낫 한 자루면 몇 척 넘는 잡풀이나 나뭇가지를 쳐내는 데 아무런 지장이 없다. 연례행사인 벌초는 조상을 섬기는 유교 문화의 뿌리로만은 생각하지 않는다. 벌초는 조상에 대한 최소한의 예의라고 생각한다. 이승을 떠난 자가 무슨 말을 할까마는 벌초를 하다 보면 나 자신의 뿌리를 돌아볼 수 있는 시간을 갖게 되고 나를 성찰할 수 있는 계기가 마련된다. 그리고 멀어져 가기만 하는 향수를 달랠 수 있어 좋다.

 며칠 전까지만 해도 푹푹 데워지기만 하던 찜통더위는 언제 그랬었냐며 배웅할 틈도 없이 떠나갔다. 파란 하늘에는 새털구름이 높디높다. 선선한 바람이 불어오는 청명한 초가을 날씨 탓에 손놀림도 빨라졌다. 생각해도 자연의 순리는 위대하다. 때가 되면 잡아도 떠나고 잡지 않아도 머무른다. 인위적이고 물리적인 힘은 자연의 순리 앞에는 꼼짝 못 한다.

낫은 우직하다. 무식한 것 같지만, 전통 있는 가문에서 태어나 경우가 밝고 주인에게 순종하는 예의를 안다. 가난이 무엇인지? 왜, 농사지천하대본(農事之天下大本) 인지, 언젠가부터 나는 왼손잡이 우멍낫(조선낫) 한 자루를 장만해야겠다고 생각했다. 인터넷에서 대장간을 수소문하기도 했다.

아버지가 장독대 가장자리에서 낫을 갈고 있다. 밀짚모자를 눌러쓴 아버지의 구릿빛 얼굴이 근엄하다. 쓱쓱, 쓱쓱 우멍낫과 평낫(왜낫) 벼리는 소리가 정겹게 들렸다. 우멍낫은 나뭇가지를 쳐내거나 억센 가시덩굴을 거두는 데 알맞다. 평낫은 풀을 베거나 벼와 보릿대를 베는데 제격이고 채소를 자르는데도 편리하다.

아버지는 낫에 손끝을 조심스럽게 갖다 댄다. 날이 잘 섰는지 표정이 환하다. 나도 낫을 갈고 나서 아버지처럼 따라 해 본다. 날이 선 물건은 함부로 다루면 안 된다. 잘못 다루면 흉기가 될 수도 있다. 아버지의 손놀림을 보면 예술이다. 척척, 손목에 힘을 가할 때마다 풀들은 쓱쓱 질서정연하게 쓰러진다.

슴베는 부채춤을 춘다. 부채가 펼쳐질 때마다 풀들은 비명 지를 틈도 없이 땅에 쓰러진다. 잔인하지만 재미있는 진풍경이다. 아버지의 예리한 낫에 수많은 풀이 죽임을 당했다는 것이다. 농부에게 낫 한 자루는 천하를 얻는 것과 같다. 낫은 가난을 물리치기도 하고 울분을 한 방에 날려 보내기도 한다. 농부의 피와 땀이 흥건히 묻어있는 고마운 것, 논두렁을 깎다 손가락을 베인 아버지의 상처를 본다. 깻잎 대를 자르다 발등 찍힌 어머니의 핏자국을 본다. 상처가 깊고 아리다.

 뒷산에서 예초기 소리가 요란하다. 문명의 틈바구니에서도 기죽지 않고 대를 이어온 부정할 수 없는 원시의 정체성은 낯설지 않다. 부모들이 낫을 벼리며 벼와 곡식을 베고 풀을 깎고 나무를 할 때 아이들은 아무것도 모르고 '낫 치기'를 한다. 초동(樵童)들 옷차림은 허름하지만, 마냥 즐겁다. 그저 뛰노는 것만이 최고다. 아이들 눈에 비친 낫의 형상은 신비만은 아닐 터, 꼴을 베다 손가락이 베인 아이의 동공을 본다. 해맑고 순진하다.

 아이들은 풀이나 나무를 한 아름씩 베어다 한 군데 쌓아놓고 멀찌감치 떨어져서 낫을 던져 그 위에 꽂는 아이가 나무나 풀을 독차지한다. '낫 던지기' 놀이는 더 재미있다. 낫을 던질 장소에 선을 긋고 이곳으로부터 약 4m쯤 되는 지점에 또 하나의 선을 그어서 낫을 던져서 내기한다. 낫이 공중에 회전하면서 땅바닥에 보기 좋게 꽂힐 때 그 기분은 말로 못 한다. 아이들은 이렇게 시간 가는 줄도 모르고 놀다가 낭패를 당하기도 한다.

 텅 빈 꼴망태에 언제 꼴이 가득 찰지 모른다. 꼴이 귀해 부지런하지 않으면 꼴망태 채우기가 어렵다. 여름 해는 서산에 기울고 땅거미가 어둑하면 나는 겁먹은 얼굴로 집으로 향한다. 동네

아저씨는 나를 보고 허허 웃으면서 한마디 한다.

"너, 출이 맞재? 이놈 봐라 실컷 놀다가 꼴망태가 그게 뭐꼬?"

집에 돌아오면 형한테 혼나고 아버지에게 혼나고, 동생들한테 놀림당하고 어린 마음에 서러워서 훌쩍인다.

형님이 낫을 갈아 놓는다고 들었다. 농사꾼에게 낫은 자식 못지않게 소중하다. 농기구도 농사꾼을 잘 만나야 이로운 법, 아무리 예리하게 잘 벼린 날도 잘못 사용하면 무용하고 해가 된다. 읍내에 들러 낫 몇 자루와 숫돌 하나를 사 고향 집으로 달려왔다. 낫 한 자루 덕분에 어머니와 아버지의 장발 머리가 깔끔하게 깎여 시원해졌다. 오랜만에 부모님 머리를 깎아드린 불효함이 한결 가벼워진다. 사모곡 같은 부모님의 사랑 한 토막 읊조리며 낫을 손질한다.

배꼽이다

 사랑이란 무엇일까? 참 어려운 질문이다. 사랑의 대상은 다의적이다. 희생을 강요하는 사랑, 조건 없는 사랑, 실천적 사랑, 이루어질 수 없는 사랑 등 이름만 붙이면 모든 것이 사랑이다. 보아라! 세상은 온통 사랑뿐이다. 온갖 사랑이 넘쳐나는데도 세상은 삭막하다. 사랑에 문제가 있는 것은 아닌지, 남 탓만 하는 것도 사랑을 함부로 버리는 행위이다.

 먼저 자기 자신을 사랑하지 않는 사람은 사랑을 말할 자격이 없다. 그래서 나는 나 자신을 사랑하기 위하여 배꼽을 사랑하기로 했다. 손끝에 와 닿은 무언가가 있다. 감촉이 나쁘지는 않다. 배꼽이다. 배꼽은 함몰된 흔적에 대해 숙연한 장고(長考)이며 위대한 숙고(熟考)이다. 우주의 중심이며 몸바탕의 중심이다. 배꼽은 생명의 은인이기도 하다. 신비하다. 배꼽, 오늘 밤 나의 배꼽은 유난히 비밀스럽다. 배꼽 자리가 하필이면 몸체 중심에 붙어있는지 궁금하다. 배꼽이 얼굴 주변에 붙어있었더라면 인간의 얼굴은 우스꽝스러워 배꼽 잡고 한바탕 웃어주었을 거다.

위대한 탄생은 아버지의 정과 어머니의 혈이 뒤엉킨 사랑의 결과물이다. 그 신비는 동굴 속에서 침묵하며 한줄기 환한 빛을 기다렸다. 그래서 요즈음 나는 배꼽의 노출에 대해 더욱더 불만이 많다. 배꼽을 함부로 내놓고 다니는 앙증맞은 여자를 보면 그렇다, 배꼽티 짜증이 나지, 심지어 배꼽노리에 장식품을 달고 사람의 시선을 홀리는 그런 여자들, 아름다움의 극치라며 거리를 활보하는 그 당당함에 헤벌쭉대며 넋 잃고 마는 '메밀눈'의 뭇 남자들 볼만하다. 물론 노출 주의자들의 눈에는 배꼽은 매혹적인 사랑일 수도 있겠지만, 배꼽을 노출한다는 것은 감추어야 할 부분을 노출하는 것과 무엇이 다르랴. 원시로 돌아가는 것과 과다 노출은 별개라는 생각에는 변함이 없다.

배꼽은 생명줄의 발원점이기에 분리와 결합의 원점이다. 원점은 우주의 아름다운 비각이다. 배꼽은 나의 뿌리요, 나의 조상이다. 또한, 배꼽은 단순히 탯줄이 끊어져 생긴 함몰된 흔적만은 아니다. 생명의 신비와 비밀을 간직하고 있는 인체의 중심이다. 이런 고귀한 배꼽에 대하여 한 편의 글을 남기기로 마음먹은 것은 그리 오래되지 않았다. 배꼽과 인체, 인체와 우주, 우주와 인간은 밀접한 관계를 맺고 있는 한 나는 배꼽을 소재로 시 한 편 낚은 적 있다.

우물 단지 안의 인연을 본다
보이지 않는 인연까지 다 내려놓고
함몰된 흔적 상처가 깊고 아리다
배꼽이다

가위에 잘린 자국 안에
내 주름진 울음이 매장되어 있다
삼* 안에 고여 있는 모래집물**
신성하다 못해 신비하다
우물 아직 흥건하다
뼈와 살이 농축된 달 그림자
서로 속삭인다
함부로 들여다볼 수 없는
우주의 중심을 엿볼 때 배꼽이 그립다
어머니의 따뜻한 생명이 드리우는
배꼽이다

*태아를 싸고 있는 막과 태반.

**양수의 순우리말.

－시(詩) '배꼽이다' 전문

배꼽은 특정 종교의 윤회 사상과도 밀접하지만, 배꼽이 우주의 중심이기에 배꼽 같은 시를 짓고 싶어서다. 시를 짓다 보면 시심이 자신의 눈에는 잘 보이지 않는다. 나는 내가 지은 시를 읽고 또 읽어보고 나서야 나의 부족한 사랑을 알았다. 사랑은 함부로 말하지 않는 것, 사랑은 일상 속에서 발견하는 작은 행복, 배꼽 같은 오묘함이다.

지난 초여름 우리 가족 셋은 마니산에 올랐다. '참성단' 앞에 몸을 가지런히 모아보니 마음이 숙연했다. 여기가 한반도의 배꼽이다. 하늘에 제사를 지냈던 영산, 백두에서 한라의 중심에 있는 배꼽, 금수강산에 뻗은 생명의 발원지를 확인하는 순간 가만히 배꼽을 더듬어 본다. 배꼽이다.

삼매의 품격

강원도 철원 심원사를 찾던 날 마음을 사로잡은 글귀가 있었다. "뼛속에 스며드는 추위를 겪지 않고서야 어찌 매화 향을 얻으리오." 묵매와 묵필을 감상하며 읽고 또 읽어도 싫증이 나지 않았다. 매화 한 송의 짧은 글귀에서 우러나는 기다림의 미학은 뼛속까지 사무치는 아픔 이리라. 이제는 엄동설한쯤은 두렵지 않다. 고운 꽃을 피워 맑은 향기를 뿜어내는 창연한 고풍과 청고한 자태는 선비 정신의 표상이요 불굴 절조이다.

또한, 순결과 정절의 여인상이다. 어찌 이런 고매한 꽃을 좋아하지 않고 배길 수 있겠는가? 속세를 초월한 의연하고 단단한 늙은 줄기, 차갑게 말라버린 가지, 시인 묵객 호문목(好文木)에 기우(奇友)면 어떻고 고우(古友)면 어떠랴. 도심(倒心)의 세상은 운치가 있어 좋다. 거꾸로 바라보는 세상의 시선은 성호 서설 한가운데 아마 절품일세, 어디에도 비길 바 없는 순백의 달빛처럼 시리도록 곱다. 사군자는 어떻고 오우(五友)는 또 어떻고, 연꽃과 친구 해도 손색없는 각별한 인연인데 어찌 드리우고 드리워져 거꾸로 피었을꼬? 화목구품의 으뜸인지라 설풍 속에 맨 먼저 봄소식을 알려주는 봄의 전령 앞에 생명력은 꿈틀댄다. 가냘픈 꽃잎에서 피어나는 희망과 재생은 가슴 벅차오른다.

선구자의 영혼에 피어나는 꽃, 새해에도 어김없이 우리 곁에 찾아와 용기와 희망을 북돋워 주는, 눈보라에 속기(俗氣)를 다 떨쳐버리고 고고하게 피어나는 그 의연한 모습에서 순수와 결백의 얼이 비친다. 맑은 영혼으로 피어나는 함부로 넘볼 수 없는 무욕(無慾)의 깊이는 단아하다 못해 신비하기까지 하다. 그 모습이야말로 과히 청결을 지키면서 살아가는 한생(寒生)의 모습과도 같다.

임경빈(任慶彬)은 매화나무는 돈만 많은 사람에게는 어울리지 않는 나무, 권력을 가진 사람에게는 어울리지 않는 나무, 또한 도시의 나무라기보다는 시골의 나무이고, 젊은이보다는 명상의 세계를 맛볼 수 있는 성숙한 사람에게 더 잘 어울리는 나무라고 했다. 이것은 모두 매화의 선비 정신의 상징성에서 연유한 것이라 할 수 있다.

매화의 이러한 상징성으로 인하여 옛 선비들은 매화의 시(詩)를 읊고 매화를 그리기를 즐겼으며 매화문이 새겨진 문방을 사용하고 뜰에는 매화를 심어 군자의 덕성을 배우고자 노력하며 자신과 동일시하여 청빈한 한사(寒士)의 상징으로 삼았다.

매화법(梅花法)에는 다섯 가지 필수적인 방법이 있다. 뿌리는 서로 얽혀야 하고 대목은 괴이하여야 하고 가지는 말쑥해야 하며 줄기는 강건하고 꽃은 기이해야 한다는 것이다.

그런가 하면 36가지의 병(病)이 있다 하여 한 가지라도 잘못 그리면 평가를 받지 못하는 어려운 화목이기도 하다. 이와 같은 기본적인 수련을 쌓은 다음에 나무를 마음에 새기고 그것을 화선지에 옮기는데 그 필치가 낙뢰(落雷)의 순간 같다고 한다.

고도의 정신세계가 붓끝을 통해 펼쳐지는 것이다. 그리하여 심오한 자연의 이치와 뜨거운 선비 정신이 먹으로 쳐낸 묵매(墨梅)에 살아 숨 쉬고 있어야 매화 그림은 성공했다고 평가받을 수 있다. 그림 속에 담긴 선비 정신을 더 높이 보는 것이 매화 그림이다. 시인 묵객들이 매화의 화목을 즐겨 다룬 것은 매화를 그리면서 선비 정신을 배우고자 함이다. 또 선승(禪僧)들이 매화 그림을 그리는 것을 수도의 한 방편으로 삼은 것도 그 속에 이 정신이 깃들어 있기 때문이다.

매화의 절개를 상징하는 말로 흔히 '매화는 가난하여도 일생 그 향기를 돈과 바꾸지 않는다(梅花一生寒不賣香)'라고 했다. 조선 세조 때의 성삼문(成三問)은 자신의 호를 매죽헌(梅竹軒)

이라고 하였다. 단종에 대한 연군(戀君)의 뜻을 눈 속에 피는 매화로 표상하고 대나무의 절개를 더 하여 충신의 의지를 상징한 것이다. 매화는 또 여인의 순결과 정절을 상징한다. 양가의 여인들이 매화와 대나무를 함께 시문한 매죽잠(梅竹簪)이나 매화가 시문된 장도를 즐겨 착용한 것은 이러한 상징성 때문이었다.

사대부 부인의 초상화나 미인도의 배경에는 흔히 매화가 등장하는데 이것은 그림에 그려진 주인공의 순결과 절개를 간접적으로 표상하고 있다. 매화는 그 청초한 자태와 향기로 인해 아름다운 여인에 비유되었다. 시에서 빙기옥골(氷肌玉骨)·선녀·달 등의 이미지와 관련해 표현된 데서 알 수 있듯이 매화는 미녀 중에서도 천진하고 순결한 인상을 지닌 미녀를 상징한다. 꽃을 미녀에게 비유하면서 모란과 매화는 대조적인 위치에 있다. 모란이 풍염한 모습에 성장(盛裝)한 미녀의 이미지라면 매화는 가냘프고 청순한 모습의 담장(淡粧)을 한 미녀의 이미지라고 할 것이다.

봄을 애타게 기다리는 사람들의 마음을 담은 구구소한도(九九消寒圖) 한 점 맛보면 어떠한가? 드높은 기개와 굽힐 줄 모르는 지조를 애창한 최광유(崔匡裕) 선생의 뿌리를 기억하는가? 우리 역사 속에 매화 같은 선비들과 대쪽 같은 충신들의 언행은 오늘날 삶의 본보기가 되어 우리 가슴 한쪽에 매화 꽃잎에 물든 환한 세상이 조금은 밝아오기를 기다린다.

정월 보름달은 환한데 꽃샘추위는 선연히 피어있는 심매(尋梅)를 시샘이라도 하겠단 말인가? 심매 고목에 걸린 휘파람새의 애절한 그리움이여! 달빛에 어리어 비추는구나. 매화는 정신적으로나 정서적으로나 버릴 것 하나 없이 우리에게 이로움을 주는 나무이다. 매화나무를 닮아 매화나무 줄기 같은 심성과 뿌리 같은 터전을 내리고 매화 같은 아름다운 꽃잎을 사랑하고 싶다. 매화는 누구도 싫어하는 사람이 없는 천하의 으뜸가는 꽃이라, 내 안에 핀 매화를 벗 삼아 시객(詩客)으로 삼고 싶다.

원숭이의 발자국

  십이지(十二支) 열두 띠 동물 중 아홉 번째가 원숭이다. 원숭이를 이칭으로 '잔나비'라 부르기도 한다. 우리나라에서 원숭이는 동물원이나 영화나 책 속에서나 볼 수 있는 동물이다. 일상에서는 자주 볼 수 없지만 그래도 원숭이 하면 우리에게 친숙하게 다가온다. 이웃 나라 일본에서는 원숭이들이 한가롭게 온천을 즐기는 장면을 텔레비전에서 봤다. 원숭이는 여러 동물 중 우리 인간과 가장 닮은 동물로서 집단행동을 할 만큼 지능이 높고 재주가 많고 영특하다. 그래서 원숭이해에 태어난 사람은 재주가 많다고 한다.
  원숭이띠인 사람은 원숭이를 닮아 활동적이고 사교적인 특성을 보인다. 성격이 명랑하고 긍정적인 데다가 붙임성이 좋고 매사에 적극적이다. 그래서 원숭이띠를 싫어하는 사람은 별로 없다. 반면 변덕이 심하고 기운이 산만해서 불성실하다는 지적을 받기도 한다. 언변이 뛰어나 인기가 많지만, 남들로부터 오해받기가 쉽다. 중국에선 붉은 원숭이해에 아이가 태어나면 '지혜로운 아이'라는 속설도 있다.

 원숭이는 술을 좋아한다. 술의 기원에 대해서는 정확한 기록이 없어 알 수 없지만, 옛 문헌과 전설과 신화에는 원숭이나 코끼리 등 동물들이 인간보다 먼저 술을 마시기 시작했다고 한다. 과일나무 밑이나 바위틈, 웅덩이에 과일이 떨어지게 되고 이 과일이 썩거나 눌려서 과즙이 생기면 자연적으로 효모에 의해 발효가 된다. 그러면 저절로 술이 만들어지는 것이다. 이때 동물들이 주변을 지나가다가 웅덩이나 바위틈에 생긴 술을 마시게 되고 때로는 취하기도 한다. 술 취한 원숭이와 코끼리의 모습은 상상해봐라, 참 재미있을 것 같다.

 원숭이의 설화중 '원숭이의 재판'이란 글을 읽고 원숭이의 꾀를 훔치고 싶다, 원숭이가 음식을 공평하게 나눈다면서 자기가 다 먹어버린다는 내용의 설화는 다툼의 당사자가 아닌 제삼자가 이득을 차지한다는 원숭이의 능동적인 지혜가 돋보인다. 이 설화는 주위의 상황은 보지도 않고 오로지 자기 눈앞의 이익만을 다투다가는 결국, 그 조그마한 이익마저도 놓치고 만다는 교훈이 담겨있다. 원숭이의 부정적인 교활성이 마땅히 징계해야 할 대상을 징계하는 수단으로서 긍정적인 지혜가 된다. 세상을 지혜롭게 살아가는 길이 무엇이냐는 지혜가 잘 나타나고 있다.

꾀 많은 원숭이는 이리와 여우를 농락하고 있다. 옛날에 이리와 여우가 먹이를 찾아 나섰다가 길에서 고깃덩어리를 발견하자 서로 자기 것이라고 다투었다. 다툼이 좀처럼 끝나지 않자 꾀가 많다는 원숭이에게 찾아가 결판을 내리기로 하였다. 재판을 부탁받은 원숭이는 공평하게 나눈다며 고기를 반으로 잘랐는데 한쪽은 크게 다른 한쪽은 작게 잘랐다. 그리고는 큰 것을 작은 것과 같게 만들어야 한다면서 자기가 베어 먹었다. 그러다가 다시 차이가 생겼고 원숭이는 이런 짓을 몇 번 되풀이하여 고기를 혼자 다 먹고 도망쳐버렸다는 동물 우화 중 지략에 속하는 이야기다.

또한, 원숭이에 관한 재미있는 고사성어가 있다. 바로 조삼모사(朝三暮四)이다. 아침에 3개, 저녁에는 4개라는 뜻으로 결국에는 별반 차이도 없지만, 남들에게 가벼운 눈속임으로 남들을 속이는 상황에서 자주 쓰이는 말이다.

조삼모사는 중국의 전국시대 송나라에 저공이라는 사람이 살고 있었다. 그는 원숭이를 매우 좋아한 나머지 원숭이들을 집에서 직접 기르며 늘 함께하다 보니 원숭이와 의사소통을 할 수 있는 지경까지 이르게 되었다. 그렇게 오랜 세월 원숭이들과 함께 지내오다 보니 그 숫자는 점점 많아지고 이제는 원숭이들에게 들어가는 먹이들도 부담되다 보니 원숭이들의 먹이를 줄여야겠다는 결론에 이르게 된다.

하지만, 갑자기 먹이를 줄이겠다고 하면 원숭이들이 분명 반발을 할 테고 먹이는 줄이되 원숭이 처지에서 봤을 때 줄이지 않는 것처럼 할 방법을 고안하다가 원숭이들을 모아 '아침에는 도토리를 3개, 저녁에는 4개를 주겠다.'라고 말을 했고 이 말을 들은 원숭이들은 아침에 도토리가 3개밖에 안 되면 배가 고프지 않겠냐며 아우성을 쳐대며 반발했고 이를 들은 저공은 '그럼 아침에 4개, 저녁에 3개'라고 원숭이들을 달래자 원숭이들은 아침에 한 개를 더 먹을 수 있다는 생각만 하며 좋아했다는 데서 유래 됐다. 조삼모사는 눈앞에 보이는 차이만 알고 결과가 같은 것을 모르는 어리석음을 비유하거나 남을 농락하여 자기의 사기나 협잡 속에 빠뜨리는 행위를 비유하는 고사성어이다.

지혜란 무한한 가능성이며 참된 앎이다. 참된 앎은 성인군자나 참된 인간에게서만 얻는 것이 아니라 동식물은 물론 하잘것없는 사물에서부터 무생물에도 숨어있다. 원숭이는 인간과 가장 닮았다는 죄로 인간을 위하여 의술이나 신약품의 실험 대상으로 희생양이 되기도 한다. 원숭이의 위대한 희생을 기리며 숨은 앎을 벼리다.

비각

 하나의 낱말을 두고 이렇게까지 몰입해본 적은 없다. 참 대단한 집착이요 집념이다. 우리말 풀이 사전을 읽다가 눈길 멈춘 곳에서 내가 감전됐다. 긴장감 때문이다. 바로 비각이 있는 책갈피이다. '두 물건이 서로 상극이 되어 용납되지 않은 일' 서로 대립하기 때문에 양립할 수 없는, 일의 앞뒤가 서로 맞지 않은 모순(矛盾)에 해당하는 우리말이 비각이다.
 거대한 우주 공간엔 비각으로 비치는 것들, 참 많다. 생과 사, 물과 불, 밤과 낮, 하늘과 땅처럼 상극(相剋)인 것들이다. 이것들 과연 상극하는 것인가? 의문이 생기지 않을 수 없다. 현실에 대한 치열한 고민을 바탕으로 상상하는 것을 달걀 거리 쌓은 것에 빗대어 허튼소리라고는 말하지 마라. 몰입과 상상이 없으면 발명도 창조도 없다.
 세상에 가장 아름다운 조화는 손에 땀을 쥐게 하는 긴장감일 거다. 긴장감이 어디 시(詩)에만 있겠나, 거짓말과 참말 사이에도 있고, 사랑에도 있고, 이것만 한 희열감이 또한, 어디 있겠나? 무감각 앞에서는 가치가 없는 것들도 비각 앞에서는 야무지다. 서로 균형을 이루면서 대립하고 뜸 들이면서 녹아드는 모습은 참말로 경이롭고 아름답다. 하나가 웃고 또 하나가 울고, 또 다른 하나가 구경하는 이런 것들, 우리가 바라보는 교과서적인 시각이다. 시각도 비각을 가지고는 있겠지만, 이것만큼은 예리하지는 못하리라.

꽃에 관한 수평의 비각 한 문장 감상해보자. '꽃이 아름다운 것은 꽃이 떨어지기 때문이다.'라는, 아무리 아름다운 꽃이라도 때가 되면 떨어진다는 걸 모르는 이는 없다. 떨어지는 꽃이 흉하지 않고 왜? 아름답다는 것이냐'다. 생사(生死)의 관계를 이렇게 아름답게 비각의 눈으로 창조한 조물주께 감사한다. 생사의 단어와 생사의 현실과 그리고 생사의 영혼이 없었더라면 아마 지구의 생물체는 존재하지 않았을 것이다. 고요한 암흑의 세계엔 바람 한 점 없는 천왕성일 거다.

사라지고 탄생하고, 탄생하고 사라지는 하나의 관점처럼, 얼마나 아름다운가! 눈물 나고, 웃음 나고, 슬프고, 행복하고 참 좋다. 우주는 원래 하나라는 것을 나는 새삼 믿어 의심하지 않는다. 비각의 하나에 대하여 금속의 주민등록증을 확인하고 확신이 섰다. 수소(H)와 산소(O)는 개별적으로는 판이한 원소이다. 하지만 한 덩어리 금속으로는 결합이 잘 되어 조화가 깊을 땐 하나가 된다. 그 원소 하나는 불순물일 수도 있다. 서로 없어서는 안 될 조직의 결정체인 산소를 먹고 사는 생명체와 수소를 먹고 사는 생명체, 환경은 달라도 생명이란 명제는 같다. 보아라, 밤은 검고 낮은 희다. 밤과 낮이 같은 힘으로 균형을 이루고 하루를 떠받들고 있지 않으냐? 밤이 없으면 낮이 없고 낮이 없으면 밤이 없는 심연의 현상을 혹자는 밤은 있고 낮이 없다고 철학적인 말을 하는데 맞는 말인가?

아마, 비각은 둥근 맛은 덜하지만, 질서와 정돈이 잘 돼 좋다. 흑백이 뚜렷하고 선명해서 좋다. 수평은 각이 없어 좋지만, 직각인, 적일 수도 있고 두루뭉술하다. 그래서 긴장감이 별로다. 나는 긴장감 없는 것들은 좋아하지 않는다. 각을 세운다는 것은 하나가 아니어서 좋다. 각을 세운다는 것, 둘이어서 좋다. 그래서 서로 중심이 무너지지 않아서 좋다. 각을 세운다는 것, 대상이 있어서 좋다. 원수와 상극이 빛나는 조화, 저 광활한 우주를 보라, 어떠한가? 끝과 끝, 창과 방패, 오르막과 내리막 오르내리며 서로 노려보는 팽팽한 것들,

도귀*

　너의 존재가 궁금하다. 너를 억지로 무시하곤 했었지만, 공포의 대상이 맞다. 너의 접근 방식 또한 유별스럽다. 도둑처럼 왔다가 귀신처럼 도망간다. 도귀, 네가 다녀간 후로 밥맛이 없고 늘 수심이 깊다. 배꼽 빠지는 이야기를 들어도 무덤덤하고 코믹한 프로그램을 봐도 재미가 없고 아름다운 꽃을 보아도 별 볼 일 없다. 아리따운 여심을 봐도 아랫도리는 아무런 반응이 없다. 로또 당첨도 돈 같아 보이지 않는다.

　너는 햇빛을 싫어하고 어둠만 좋아한다. 수심은 깊은데 고요하지 않다. 복잡하고 희한한 놈 도귀, 너의 정체를 밝혀라. 네게 빼앗긴 내 사랑을 돌려 달라. 나는 지금 너의 정체를 밝히기 위해 백방으로 수소문하고 있다. 우선 온라인에서 너의 이름을 검색창에 넣고 쳐 본다! 쳐 본다! 타닥타닥, 거기서 너를 봤다, 봤다. 너를 제대로 잡을 수 있을까, 이 궁리 저 궁리하면서 오프라인 꽁무니를 따라 어디론가 가고 있다. 이곳저곳 아무 데나 가리지 않고 쫓고 있다. 네놈을 뒤쫓다가 네놈에게 붙잡혀 내가 지구를 떠날 수도 있다. 그때는 어쩔래? 얄미운 놈, 도귀야!

나쁜 것은 몸에 다 달고 다니는 놈, 어디 조사 좀 해보자. 슬픈 감정, 절망, 무기력감, 죄책감, 권태, 피로, 성욕 감소, 변비, 불면증, 과식, 잠꾸러기까지, 휴~ 못 말린다. 너는 나쁜 것만 가지고 지구에 떨어진 악마다. 너로 인해 자살까지 하겠다고 덤벼드는 미친놈들. 저놈을 어떻게 해야 하나, 조물주가 주시하고 있다. 지옥으로 보내버릴까? 아니면 천상으로 보내버릴까? 염라대왕이 알면 큰일이다! 큰일,

네가 찔러보고 따 먹은 놈이 벌써 3억 오천만여 명이라는 데 너 그것 엄청나게 세나 보다. 몇 명 더 따 먹을래? 으음~ 내 밥통들, 무방비 상태이군! 쿡 찔렀다! 살코기네, 으음~ 머릿고기잖아! 맛있다. 말의 뼈다귀가 생각보단 오돌오돌하네. 말 한마디에 상처받고 약해지다니, 만물의 영장은커녕 '비름박'에 붙은 개차반 비듬이다. 연습해둬라! 끊임없이 충동질하는 그림자 눈동자의 독기가 충혈됐다. 너로 인해 너에 감염된 허약함이 원수처럼 밉다. 스스로 목숨을 끊었다. 생을 죽음과 맞바꿔버린 저 도도함은 신의 저주를 받을 것이 분명하다. 염통이 몰락하고 있다. 스스로. 네가 노리는 것이 무엇이더냐? 귀신이 우글대고 뱀들이 우글대고 내 가면에 구속된 살찬 운명, 컴컴한 동굴에 빠

져 허우적거린다.

내 머리통이 공중분해 되는 유전자에 별이 없다. 어디서 봤다. 이것이 겨울에는 여자만 노린다는 데 혹시 내가 알고 있는 여자는 아니길 바란다. 21세기 인류의 생존을 위협할 두 번째라는 데도 무섭지 않다고? 미치겠다. 페미니즘 시각에서는 남자가 죽일 놈이지, 폭행과 학대 아니면 아랫배가 아파져오는 달거리 탓도, 있다마는 스트레스가 죽일 놈이다. 스트레스 팍팍, 베토벤 교향곡도 좋다. 장미꽃 향기도 좋다, 빛의 산란도 좋다.

고요가 잠든 한때 나도 너 때문에 고통과 혼동의 연속이었지 천재 시인 기형도를 죽음으로 인도한 저승사자를 조종했던 놈이 바로 네놈이란 걸 알고 치가 떨렸지, 네놈이 여러 문학 장르의 주제가 되고 소재가 되고 제재가 된다는 소문에 다시 봤지만, 이해가 안 된다. 또한, 음악 미술의 영역까지 마당발이 되어 세계화에 앞장을 선다? 좋지, 너는 어디에도 존재하는 위대한 적이지. 너로 인해 고통받는 수많은 인간에게 고하노라. 승리자가 되기를 바란다면 명심할지어다. 이놈을 이길 수 있는 비법은 있다. 비굴하고 엉뚱한 생각은 하지 말고 정신 똑바로 차려, 독하게 마음먹어. 이런 생각만 해도 이놈은 겁에 질려 뒷걸음친다. 아내도 이놈에게 혼날 때 정신 못 차리고 멍하니 먼 산만 바라보고 있었다, 이놈 물리치는 데 일등공신이 우리 집 막둥이 '요거트'였지.

이게 사람의 도리입니까? 무소식이 희소식이라면 아예 문상도 오지 말든가, 이번에 하직한 분은 이놈에게 당한 것이 아니라네요. 썩을 놈의 암이 데려갔데요. 쉬! 암보다 더 무서운 놈이 이놈인데 사람들은 그렇게 생각 안 해요. 당해봐야 알아요. 대구에 누이동생이 살고 있는데 요즈음 비실비실한데요. 증세를 봐서는 딱 이놈에게 시달리고 있나 봐요. 병원에서 이것저것 모조리 정밀검사를 해 봐도 원인불명이라니, 환장할 노릇이지요. 만사가 귀찮대요. 참 희한하지요.

"억지로 묵어라!"
"안 그라면 죽는 데이."
우리 누이동생까지 괴롭히는 너를 잡아다 유치장에 쳐넣어야 하는 건데 말이다. 그놈 무어라고 꼭 집어 말할 수는 없지만, 서서히 세상에 드러나는 네 이름은 도귀.

*필자가 작품을 위해 붙인 은유의 이름

어떤 갈등에 대하여

 인생길은 늘 순조로울 수만은 없다. 인생, 인생길 가다 보면 가시밭도 가풀막도 등굽잇길도 에움길도 나온다. 혼자 가는 인생길 가장자리에 너와 나의 갈등으로 한때 참 불편했었다. 갈등(葛藤)의 사전적 의미는 칡과 등나무라는 뜻으로 칡과 등나무가 서로 복잡하게 얽히는 것과 같이 개인이나 집단 사이에 의지나 처지, 이해관계 따위가 달라 서로 적대시하거나 충돌을 일으킴을 이르는 말이다.

 갈등도 당사자끼리 잘만 벼린다면 봉합되고 의기투합하게 된다. 우리 사회 곳곳에 갈등은 만연하다. 갈등도 사랑처럼 먼 데 있는 것이 아니라 우리 가까운 데 있다. 갈등의 원인은 사안에 따라 다양하다. 부부갈등은 성격 차이가 크고 직장에서는 동료와 상사와의 갈등으로 스트레스를 많이 받고, 사회는 이념 갈등으로 서로 적대시하고, 가정은 견해 차이로 서로 불신한다. 알고 보면 갈등의 원인은 상대방에게 있는 것이 아니라 바로 나 자신에게 있다. 그런데도 사람들은 갈등의 원인을 상대방이나 외부로 돌리곤 한다. 나도 그럴 때가 종종 있다. 이성보다 감정에 치우치다 보면 감정의 골이 깊어져 돌이킬 수 없는 지경에 이르기까지 한다.

 갈등이 심화하면 의견충돌로 대화가 단절되고 분위기가 심상치 않다. 갈등은 아마 몇 개월 갔었던 것 같다. 그때 아들은 장기간 투병으로 심신이 쇠약하고 마음이 괴롭고 삶과 죽음 사이에서 방황할 때였다. 하지만 나는 그런 아들의 처지를 알면서도 모른 척 외면했고 내 고집만 내세웠다. 부자간의 갈등을 어떻게 풀어야 할지 실마리가 잡히지 않았다. 계속되는 견해차는 집안 분위기까지 살얼음판으로 내몰았다. 나는 나대로 부모 마음을 몰라주는 아들이 괘씸했고, 아들은 자신의 마음을 이해하지 못하는 부모가 원망스러웠다. 아내는 아내대로 스트레스가 쌓이면서 집안 분위기는 혼란스러웠다.

 이러면 안 된다는 위기감이 내 정수리에 꽂혔다. 정신이 번쩍 들었다. 감정을 자제하고 냉철하게 현실을 바라보았다. 갈등의 해소 방법은 아들에 대한 집착을 내려놓는 것이었다. 말로는 쉬워도 마음은 그렇지 않았다. 갈등의 절정일 때는 격한 말도 서슴지 않았다. "자기 몸 하나 간수 못 하는 놈이 무슨 말을 해!" 드디어 나는 폭발했다. 그렇게 죽을 고생 다 하면서 여기까지 왔는데 아들의 행동에는 변화가 조금도 없었다. 모든 것이 자기 마음대로였다. 몸 아픈 사람은 몸을 고치는 일이 우선시되어야 하는데도 아들은 그렇지 않았다. 아들의 행동은 하고 싶은 것을 당장 해치워야만 한다는 무모한 도전으로밖에는 볼 수 없었다. 이럴 때는 별별 생각이 들었다. 그렇게 장기간 치료를 받아도 완쾌된다는 보장도 없고 재발이 계속되다 보니 인생 포기상태일 수도 있었다. "짧은 인생 하고 싶은 거나 다해보고 죽자!"라는 심사로밖에는 이해할 수 없는 우리는 심장이 터질 지경이었다.

아들 고집을 꺾지 못하고 마지못해 허락했던 것이 커피전문점 개업이었다. 몇 년 전 그때만 하더라도 커피전문점은 대인기였다. 특히 젊은이가 선호하는 직종 중 으뜸이었다. 창업에 많은 준비가 있었어야 했는데도 한 달가량 허술하게 준비한 창업으로 돈 벌 수 있다는 아들 말을 의심하면서도 만류하지 못했다. 그때 그 심정은 아무도 모른다. 아들이 커피전문점을 차린다는 소식에 친인척들도 걱정이 앞섰다. 병 고치는 것이 우선인데 미치지 않고서야 어떻게 그런 생각을 다 할 수 있느냐는 것이었다.

아들은 커피전문점 점주가 된다는 데 흥분하고 있었다. 준비할 것이 한둘이 아니었다. 아들은 항암치료도 여러 차례 받았다. 전보다는 얼굴이 밝아 보였다. 이렇게 해서 아들은 일산 쪽에 커피전문점을 냈다. 처음에는 잘 될 것 같은 느낌이었다. 하지만 시간이 갈수록 매출이 감소하면서 적자는 점점 늘어났다. 결국은 임대료도 감당하기 어려운 지경에 이르렀다. 뭔 임대료가 이렇게 비싼지 매월 삼사백 만 원씩 적자가 발생했다. 아들은 임대료와 아르바이트 직원 급여 주기에 급급했다.

또 전화를 한다. 죄송하지만, 이번 한 번만 도와 달라는 것이었다. 언제까지 그러고 있을 것인지 짜증이 났다. 가게를 내놔도 들어오겠다는 사람이 없다. 헐값으로 인수하겠다는 사람뿐이었다. 울며 겨자 먹듯이 팔릴 때까지 어떻게 하면 적자를 조금이라도 줄여가면서 가게를 유지하는 수밖에 없었다. 가게는 시간이 가도 좀처럼 팔리지도 않았다. 결국, 1년 6개월 만에 그것도 부동산중개업을 통한 것이 아니라 강남 자문업체를 통해 겨우 처분할 수 있었다.

나중에 안 사실이지만 무슨 창업이든 신중하게 접근하고 만약 창업 시에는 철저한 사전준비가 있어야 한다. 창업 회사 말만 믿고 덜커덩 창업에 손댔다가는 실패할 확률이 아주 높다. 아들은 커피전문점 운영으로 비싼 대가를 치르고 인생 공부를 많이 했다.

아들은 그 후에도 한동안 마음을 다잡지 못하고 방황했었다. 대학로에서 연극을 한 후 아들 몸은 완전히 고갈되어 기운이 하나도 없었다. 나는 부자의 갈등을 비장한 어조로 노래한 '어떤 갈등에 대하여'란 시를 꺼내 읊조리며 지난 일을 회상한다.

"아들이 뜨건 커피 향에 손가락을 베었다 / 커피의 얇은 껍질, 매정한 향기, 케케묵은 냄새 / 달콤한 미소까지 / 싫어지는 내 자각들의 뒤범벅이다 / 나의 갈비뼈는 문드러지고 / 눈은 움푹 패고 가슴은 멍이 들었다 / 위장은 비어 있고 불알은 축 늘어졌다 / 불처럼 번득이는 경멸의 눈에서는 / 독기가 살모사의 대가리처럼 굴렀다 / 허구한 날 나는 오직 한 점 바람처럼 굴러야 하리 / 내 속에 나는 머나먼 유령처럼 나타났다 / 그림자처럼 사라지는 유령이다 / 벌거벗은 허울 좋은 간판을 내릴까 말까 / 생때같은 내 꿈을 접을까 말까 / 아들이 딱딱한 빵을 굽다가 손가락을 데었다 / 환상적인 과거의 꿈, 미래의 꿈, 찬바람에 부르 트는 나는 / 지금 에어컨 바람에 왈칵 데었다 / 나는 천일(1,001)의 갈대처럼 토라졌다"

우리 가족은 새롭게 시작하는 의미에서 아들과의 대화를 시작했다. 우선 가벼운 대화로 분위기를 띄우고 조심스럽게 매듭을 풀어나갔다. 아들에게 가장 급한 것은 병을 고치는 것이다. 암과 투병한 지가 벌써 팔 년째다. 마지막 희망은 자가 조혈모 이식수술 밖에 없었다. 수술하기 전 몸과 마음을 끌어올려 놓아야 수술이 순조롭게 진행될 거라는 조언에 우리 가족은 산행을 시작했다. 10개월간 약 100군데 산을 다녔다. 산행할수록 아들의 몸은 좋아지고 마음에 여유가 생겨났다. 아들 몸 상태가 좋지 않아 산행 중 되돌아온 적이 여러 번 있다. 그래도 우리 가족은 산행을 꾸준히 했다. 추운 겨울에는 아이젠을 차고 높은 산 낮은 산 가리지 않고 올랐다.

산행 덕분에 아들은 몸에 힘이 생기고 자신감이 붙은 조혈모이식수술하는 데 큰 도움이 됐다. 수술은 성공적이었다. 이식수술하고 삼 년 차인 아들은 아주 건강하다. 이런 아픔을 견뎌낸 아들은 느지막하게 철이 들었나 보다. 아들은 복학해서 마지막 학기에 장학금도 받고 십이 년 만에 대학을 졸업했다. 요즈음 아들은 새로 태어난 기분으로 세상을 살고 있다. 영화도 찍고 광고도 찍고, 초등학교 아이들 연극도 가르치면서 자기 일을 위하여 높은 곳을 향하여 낮은 자세로 한 땀 한 땀 오르고 있다.

죽음을 벼리는 자

 죽음을 떠올리며 고요를 본다. 죽음이 무엇이기에? 사람들은 죽음을 입에 올리기를 싫어하는 걸까, 이제는 죽음에 대하여 자유롭게 이야기할 수 있는 분위기가 조성됐다. 죽음의 이야기는 빠르면 빠를수록 좋다. 요즈음 나는 죽음이 두렵지 않다. 나이가 육십 고갯길 너머 중턱 앞에 와 있다 보니 겁이 없어졌나 보다. 어릴 적에는 죽음이 그렇게도 무섭고 두려워서 주검만 보면 겁이 나 오돌오돌 떨었다. 죽음에 관한 서툰 글도 여러 편 썼다. 기형도의 죽음에 대해서도 죽은 시인들 죽음에 대해서도 부모님 죽음에 관해서도 썼다. 이런 행위는 공포감을 감소시키고 죽음의 본질에 대하여 알고 싶어서였다.
 지난 몇 년 사이 나는 가까운 친구와 친인척의 죽음을 여러 번 겪었다. 이들 모두 죽음을 맞이하는 과정은 달라도 죽음에 대한 목적은 같았다. 한 번 태어나면 반드시 한 번 죽는다는 진실 말이다. 누구도 부정할 수 없는 사실이다. 하지만 사람들은 남의 죽음에 관해서는 인정하지만, 자기의 죽음에 대해서는 부정하는 모순이 있다. 마치 자신은 죽지 않는 것처럼 자신과 죽음은 상관없는 듯 행동하기도 한다. 죽음을 애써 외면하는 것은 죽음에 관한 생각이 없어서가 아니라 죽음의 공포가 두렵기 때문이다. 죽음은 시도 때도 없이 누구에게나 찾아올 수밖에 없는 불청객이다. 죽기 전에 죽음의 이야기를 나누어 좀 더 죽음과 가까워지고 습관화되어 당당하게 죽음을 맞이하는 것이 생에 대한 도리이다. 그러면 죽음은 공포와 불안의 대상이 아니라 내가 믿게 하는 자연스러운 현상이다.

세상에는 죽음을 조금도 무서워하지 않은 영웅적인 사람들도 더러는 있다. 폭탄 테러범들, 위대한 이념에 사로잡힌 특정 종교 순례자들 이들, 삶을 포기한 자들 이들은 죽음을 두려워하지 않는다. 죽음에 길든 사람들은 정말 죽음에 대해 두려움이 조금도 없는 걸까?

나 또한 어릴 때 죽음에 대한 공포를 느낀 적이 있다. 동네 아저씨가 야산에서 목매고 죽었다는 말을 듣고는 무서워서 부절 못하고 어쩔 줄 몰랐다. 밤이면 죽은 아저씨가 나를 불러내는 듯한 환청을 듣기도 했었다. 그 후 할머니가 돌아가셨을 때는 죽음에 대해 두려움이 좀 덜했다. 죽음에 대하여 무언가가 용기를 줬는지는 알 수 없다. 요즈음 여기저기서 부음 소식이 심심찮게 들려온다. 또 한 사람 세상을 떠났나 보다. 부음 소식이 들릴 때마다 의문이 생긴다. 망자가 살아있는 때는 관심이 별로 없던 사람도 상갓집에는 뻔질나게 들락거리는 사람을 봤다. 망자에 대한 배웅이 예의라지만 산사람의 욕망이라는 생각이 든다. 살아있을 때 한 사람이라도 더 만나고 찾아보는 것이 죽어서 찾아가는 것보다 더 옳은 것이 아닐는지 돌아 본다.

현대는 죽음에 대한 인식도 많이 바뀌었다. 죽음에 대한 기본 생각만 바뀌지 않는다면 시류에 맞게 바뀌는 것도 좋다고 믿는 사람이다. 친구들이 모이고 형제들이 모이면 죽음에 관한 이야기는 거리낌이 없다. 죽음은 누구나 예약은 되어있지만, 때를 알 수 없다 보니 죽음을 맞이한다는 것은 공포와 불안의 대상이다. 죽음은 지극히 자연스러운 현상이다. 생물학적으로 보면 죽음은 뇌 활동이 정지된 상태이다. 사후는 깊이 생각해보지 않았다. 그래서 사후에는 관심이 없다. 사후는 산사람의 몫도 아니며 죽은 사람 몫도 아닌 자연현상이다.

실제 죽음 자체가 없다는 죽음 실재론이나 사후에 영생을 믿는다는 종교 신자들의 믿음부터 생물학적 생의 복원설까지 죽음에 대한 정신적인 수련이나 생각은 다양하다. 죽음은 태어난 그 순간부터 시작되며 삶의 연속이다. 죽음이 삶의 연속이라면 죽음을 가벼이 간과해서는 안 된다. 자살은 삶을 중단하는 행위기 때문에 어떤 일이 있어도 그런 행위는 근절되어야 한다. 지금, 이 시각에도 죽음을 마중하고 배웅하는 죽음들 앞에 예의를 버리지 않은 이유는 단 한 가지 죽음도 삶의 일부이기 때문이다. 일생에 죽음만 한 대사가 어디 있겠나?

사람들은 이 이야기를 믿지 않겠지만 나는 죽음을 체험해본 사람이다. 35년 전 군대 생활 하던 시절 어느 추운 겨울날 나는 맞춰놓았던 야전잠바를 찾으러 서울 마포로 외출 나왔다. 서해가 바라보이는 모 지역 전방관측소였다. 서해를 감시하는 전방 관측장교로 파견근무 중이었다. 나는 소위 임관 후 몇 개월 만에 머리가 아파 수도통합병원과 대구수도통합병원에서 장기간 치료한 적이 있었다. 나중에 병명이 결핵성내막염이 아닌 촌충에 의한 오진으로 판명이 났지만, 죽을 고비 넘기고 겨우 퇴원했다. 그 후유증으로 부대에서는 나를 배려한 근무지가 전방관측소였다. 관측소를 벗어날 때는 당연히 상급부대에 보고하여 허락을 득해야 하지만, 나는 보고도 하지 않고 외출을 했었다. 그때는 왜 그렇게 시내를 나가고 싶었던 걸까,

야전잠바를 지정한 장소에서 찾아 입고 충정로 쪽으로 걸었던 것으로 기억난다. 그때 죽음은 내게로 다가오고 있었다. 죽음은 사고처럼 갑작스럽게 찾아오는 예도 있겠지만, 대부분 죽음은 그렇지 않다. 죽음에는 예감이 있다. 갑자기 숨통이 끊어지는 몸부림과 마지막 발악을 한 후 나는 죽음을 맞이했던 것 같다. 죽음을 맞이하는 순간 고통스럽다 거나 아프다는 것은 전

혀 느끼지 못했다. 체험결과, 죽음을 맞이할 때 편안하거나 고통스러워 보인다는 것은 산사람들의 해석일 뿐이다.

어쨌든 숨이 멈추는 순간은 평온하고 안락했던 것 같았다. 그러나 나는 염라대왕이나 저승사자는 만나지 못했고 지옥이나 천당도 구경하지 못했다. 나처럼 기절했다 다시 깨어나지 못하면 이것도 죽음이다. 죽음에서 깨어나서 하루 동안 기억력이 상실됐었다. 지금도 그때를 생각하면 죽음에 관해 고마움을 느낀다. 죽음에 좀 더 초연해질 수 있게 해줘서 말이다.

우리가 살아가면서 생물학적 죽음은 단 한 번이지만, 많은 죽음을 경험하면서 산다는 것을 결코 잊어서는 안 된다. 기르던 강아지와의 이별도 죽음이며, 도전을 포기하는 것도 자식들의 결혼도 죽음(결별)에 속한다. 이런 결별 없이 발전이란 불가능하다. 모든 결별은 잃는 것이 되겠지만 잃는 것이 얻는 것이다. 죽음을 버리는 자, 죽음을 두려워하지 않고 당당하게 죽음을 맞이하리라.

죽음에 관한 명언에 이런 말이 있다. 그리스의 철학자 디오게네스는 "항상 죽을 각오를 하고 있는 사람은 참으로 자유로운 인간이다"라고 했다.

고추

 가을은 풍요와 풍성함만으로는 부족하다. 곳간이 가득하고 넉넉함이 있어야 진정한 가을이다. 우리가 소망하는 가을은 귀뚜라미의 소야곡도 코스모스의 전령도 아니다. 농부가 씨 뿌리고 가꾸어서 정성껏 거둬들인 땀과 눈물의 결실이어야 한다. 서산에 걸려있는 노을처럼 가을도 붉게 익어가고 있다. 익어 가다 보면 어느덧 가을은 떠나고 허연 겨울이 눈앞에 서성인다.
 계절이 바뀔 때마다 자연의 위대함을 실감한다. 자연은 때가 되면 순응해야 한다는 진리를 우리에게 깨우쳐준다. 흙에서 와서 흙으로 돌아가는 자연의 섭리, 평생 흙을 밟고 살아가는 농부는 선택받은 사람들이다. 가을은 누가 뭐라 해도 농부의 것이다. 밥 한 톨, 채소 한 닢, 생각하면 그들에게 늘 감사하다.
 밥상 앞에 앉아 있다. 숟가락을 뜨다가도 풍요로운 가을 전경이 밥상 위에 파노라마처럼 펼쳐진다. 참 경이로운 풍경이다.

고추밭에 고추가 빨갛게 달려있다. 언제 보아도 고추는 매력적이다. 어느 해 늦은 봄날 '지풍골' 고추밭에 고춧대를 거두어들인 적이 있다. 고추 모를 심기 위해서였다. 어머니를 도와드리는 것이 자식으로서 당연한데도 어머니는 나에게 고맙다고 했다. 그럴 때면 어머니에게 얼마나 죄송한지 몸 둘 바를 모른다.

구월 중순 오랜만에 고향엘 들렀다. 형님이 심어놓은 농작물이 밭에 가득하다. 눈에 띄는 것은 온통 빨갛고 파랗고 누런빛의 향연이다. 앞마당 끝자락에는 문 선생께서 환생한 꽃이 피어 있다. 붉게 핀 목화 꽃이 내 어머니의 무명저고리처럼 보였다. 그 너머 고추밭에 고추가 주렁주렁 달려있다. 빠끔히 숨어 보이는 놈도 살짝 드러내 보이는 놈도 모두 빨갛다. 무공해 농사를 그악스럽게 고집하시던 형님의 마음이 통했는지 고추가 탐스럽기까지 하다. 안마당 멍석에는 벌건 대낮인데도 고추가 하늘 보고 당당하게 누워있다. 참 튼실하다. 잘 익은 고추는 제때 따서 말려야 한다. 건조기에서 한 번 말린 고추는 통풍이 잘되고 햇볕이 잘 드는 곳에서 번갈아 말리면 빛깔도 곱고 손질하기도 그만이다.

형님은 언제 준비했는지 큼직한 고추 포대를 차에 실어주셨다. 매년 이런 값진 선물을 받아 형님께 늘 고맙게 생각한다. 농사일이 얼마나 고단하고 힘든 일인지 잘 알기에 고추를 그냥 받아오는 것은 형님에게 죄스러운 일이다. "형님, 이제는 몸도 생각하시고 농사일을 그만 접으시는 것이 어떠세요?" 하면 웃기만 하신다. "접지 않으시려면 조금만 지으세요?" "이젠 저희 것은 준비하지 않으셔도 됩니다." 형님은 이 말에 서운한가 보다. 형님은 예전부터 형제들이 나눠 먹자고 농사를 짓는다고 하셨다. 이문 없는 농사일은 말이 농사이지 재미가 없다. 그래도 농부는 땅을 놀릴 수는 없다. 내 어머니가 그랬고 이제는 형님이 그렇다. 농부에게 농작물은 자식과 같은 존재이다.

트렁크에 실린 고추 포대에서 어머니 목소리가 살갑다. 승용차 뒤에서 형님 목소리가 무뚝뚝하게 들려온다. "고추 간수 잘해라." "모자라면 다시 말해라"

귀경 후 피곤함도 모른 체 저녁을 물린 후 거실에다 고추를 펼쳤다. 빛깔도 곱다. 아내와 함께 꼭지를 따고 먼지를 닦아내고 깨끗하게 손질해서 다시 비닐봉지에 담았다. 고추를 빻기 위해서다. 다음날 해질녘쯤 방앗간에 들렀다. 방앗간에는 고추를 빻기 위하여 할머니 몇 분이 기다리신다. 고추가 아우성이다. 매운 냄새가 눈을 찌른다. 사람들을 위하여 태어난 강인함에 고추는 붉은 눈물을 흘리는 것이다. 매운 고추를 유난히 좋아하는 나는 '고추가'를 흥얼거려 본다.

고추가 흥분된 파란 하늘이다 / 청낭자(靑娘子)* 노닐던 고추 사이 고추, 고추밭에 / 고추 좋아했던 할머니 할

아버지 아버지 어머니 / 언니 오빠 동생들까지 모두 좋아했다 / 소싯적 대문에 금줄 찬 빨간 고추 훔쳐본 / 우리 집 강아지도 고추, 빨갛게 나왔다 / 노을처럼 익어가는 흥분된 겹눈처럼 / 고추잠자리, 뱅뱅 날개를 퍼덕인다 // 고추가 사색하는 스산한 가을 저녁 / 아내가 빨갛게 열 받았다 / '고추'라는 시 때문이다 / 모 월간지에 청탁 원고로 / "고추를 보내겠노라" 하니 기겁한다 / 어디 불량 시를, / 이젠 내가 빨갛게 열 받는다 // 엽록소가 빨갛게 물든 밤 / 고향에서 시집온 고추를 다듬다가 / 손톱 끝에서 향수가 아려온다

고추는 우리 민족과 잘 어울리는 식물이다. "작은 고추가 더 맵다"라는 그 힘의 원천을 믿는다. 고추는 입맛 돋우는 양념 중 으뜸이다. 고추의 붉은색은 매운맛을 내는 '캡사이신'과 '캐소루빈'과 같은 '카로티노이드'가 다량 함유되어 있어 비타민 A가 풍부하다. 또한, 비타민 C가 감귤과 토마토 사과보다 월등하게 많아 비타민 C의 보고라고 한다. 매운 고추를 적당하게 먹으면 기분이 좋아지고 건강에도 좋단다. 또한, 고추는 음식뿐만 아니라 의료나 화장품 성분으로도 널리 쓰인다.

전방에서 군대 생활 하던 시절 감기에 단단히 걸려 몸져누운

적이 있었다. 그때 소주잔에 고춧가루를 타 마셨는데 거짓말같이 기운을 차릴 수 있었다. 그 후에도 감기 기운이 있을 때마다 그렇게 하곤 한다.

　고추는 벽사(辟邪)의 의미를 가진다. 장을 담근 뒤에 새끼줄에 빨간 고추와 숯을 꿰어서 독에 둘러놓거나 고추를 숯과 함께 독 안에 집어넣는 것은 장맛을 나쁘게 만드는 잡귀를 막으려는 것이다. 또한, 고추의 생김새가 남아의 생식기와 비슷해서 남자 아이를 뜻한다. 그래서 태몽으로 고추를 보면 아들을 낳는다는 속신(俗信)이 있다. 아들을 낳으면 새끼줄에 고추와 숯을 꿰어 대문 위에다 걸어 놓는 액막이 풍습이 있다. 이는 아이가 병 없이 건강하게 자라도록 기원하는 전통이다. 우리도 한때 아들을 선호하던 시절이 있었다.
　고추만 보면 우리 어머니의 시집살이가 떠오르곤 한다. 고추가 아무리 맵다 한들 시어머니 시집살이보다 더 매울 소냐? 고춧가루에 한 맺힌 어머니시어, '그래도 당신은 해마다 고추 농사를 지으시고 고추장을 담그시고 밥상에 보약을 올리시니 그 정성 눈물 나게 감사드리옵고, 한뉘의 생 믿어 의심치 않을래요.'

　거실에서 고추 냄새가 은은하다. 누구나 좋아할 수밖에 없는 흔하지만 흔할 수 없는 고추를 나는 가을의 전령이라 믿는다.

어머니의 손맛을 간직하기 위해 고추장 담그기에 성심을 다하는 아내가 늘 고맙기만 하다.

*잠자리목의 곤충을 통틀어 이르는 말.

귀향(歸鄕)

 아버지의 묵직한 팔뚝과 어머니의 따스한 품 안 같은 내 고향 장숫골(長水谷)은 예로부터 풍광이 명미하고 산수가 수려하다. 황석산(黃石山)과 기백산(箕百山)이 병풍처럼 둘러친 고향 마을은 거칠게 내리치는 황석산 골짝과 미끄러지는 듯 흘러내리는 기백산 골짝마다 어우러지는 조막만 한 정겨운 마을들 이름조차 소담스럽다. 놋점골, 연희막, 탁고개, 상사바위, 불담골, 매바우, 도숫골, 산내골, 재공골, 안담, 가랑지, 양지 등 삼십여 골골의 세력을 모은 양수는 용추폭포에 이르는 동안 그 위용이 대단하다. 용추폭포는 장숫골을 향해 더러는 통곡하다 웃다 호통친다. 지우천(智雨川)은 영문도 모르는 채 굽이굽이 흘러내린다.
 장숫골의 가을은 제법 쌀쌀했다. '매바우' 아랫마을까지 거나하게 취해 비틀거리던 단풍은 어느새 겨울의 뒤를 쫓듯이 재촉하는 서릿바람에 밀려 종종걸음으로 사라져버린다. 어둠 속에

갇힌 고향의 적막함은 성근 밤 무게만큼 묵직하다. 고향 집에 들어서자마자 반갑게 맞아주는 사람이 있었다. 형님이었다. 형님은 나와는 십여 년 터울로 서울에서 공무원으로 일하다가 정년퇴직을 하고 몇 년 전 봄, 소일거리로 농사나 지을 요량으로 고향에 내려와 혼자 지내고 있다. 농사일이 어디 소일거리로만 생각하고 내려왔을까마는, 이것을 모르고 말했을 리 만무하다.

　나는 형님이 고향에 내려간다는 말을 끄집어냈을 때는 얼마나 단단히 마음먹었는지를 누구보다도 잘 안다. 그리고 형수가 이를 달갑게 생각할 리 만무하다는 것쯤도 아내를 통해 이미 듣고 있었다. 형수는 어릴 적부터 농사라곤 해보지 않은 형님이 갑자기 농사를 짓겠다고 고향에 내려간 뒤 갑작스럽게 떠맡겨진 두 집 살림과 그로 말미암아 늘어나는 경제적 부담감과 멀쩡한 가족이 떨어져 살아야 한다는 현실에 무척 힘들어했다. 그런 형수는 거의 주말마다 시골에 내려가서 묵묵히 형님을 도와 농사일을 거든다. 나도 형수의 고달픈 심정을 모르는 바 아니지만, 형님의 황소고집을 꺾을 수 없다고 생각한다.

　지난여름 휴가차 고향에 내려갔을 때 집 앞뒤 논에는 형님이 손수 가꾼 고추, 배추, 감자, 율무, 갓, 콩 등 농작물이 싱싱하게 자라고 있었다. 반듯하게 자란 농작물은 군기든 신병들처럼 질서가 있어 보기 좋았다. 나는 형님이 고된 농사일에 몸이 축나는 것 같아 걱정스러웠다. 몸은 점점 말라가고 얼굴은 햇볕에 그을려 눈만 반짝인다.

그런 형님에게 농사짓는 것을 여러 번 만류해보았지만, 말로만 알았다고 하고서는 들은 척도 안 하신다. 그러면서 하는 말이 형수 몰래 봄에 심을 종자를 미리 좀 사 두었단다. 농사일이란 정성을 들이면 들일수록 할일이 많아지고 고단해진다. 그런데도 농사일이 그리도 좋으실까? 이제는 농사꾼이 다 된 형님이다. 이럴 때 형님을 보면 돌아가신 어머니를 보는 듯 착각에 빠져들곤 한다. 어머니는 진정한 농사꾼이었다. 평생 흙과 함께하다 조용히 흙으로 돌아가신 어머니가 그립다. 고향에 올 때마다 버릇처럼 막걸리 한두 병을 도가에 들러 사 오게 된다.

"형님, 한 잔 드십시오." "그래, 한 잔 먹어 볼까나." 이렇게 막걸리잔 몇 순배가 돌다 보면 형님 입에서는 시시콜콜한 주변 이야기까지 여과 없이 쏟아져 나온다. 술 한 모금 입에 못 대던 형님이 시골에 내려온 후부터는 막걸리 한 사발, 소주 한두 잔쯤은 마실 수 있는 주량이 되었다고 형님은 고백한다.

"오랜만에 동생하고 마시니 술맛 난다!"

오랜만에 고향 집에 불빛이 밤늦도록 켜져 있었다. 우직하기 그지없는 형님의 그 융통성 없는 성품 탓에 보는 이들조차 답답할 때가 한두 번이 아니다. "형님, 몸을 생각해서라도 농사를 조금씩만 지으시고 무리하지 마세요?" 그러면 형님은 빙그레 웃으시며 "그렇게 하마" 대답은 잘하신다. 부모로부터 물려받은 논밭을 그대로 놀릴 수만은 없다는 것이 형님의 확고한 생각이다. 한때는 농경지를 놀려도 보상이 나온 적이 있었다. 그러다 보면 논바닥에는 잡풀만 무성하다. 지금은 정책이 다시 바뀌어 토지를 놀리면 벌금을 물어야 하고 경작을 반드시 해야 한다는 것이다. 정부가 바뀌면 정책도 덩달아 바뀌어 혼선을 초래하여 농심을 오락가락하게 한다.

  내가 생각하는 잘 사는 나라는 농어촌이 잘사는 나라이다. 아무리 정성을 다해도 흡족한 결과를 얻을 수 없는 것이 농사일이다. 우리의 삶은 농경사회로부터 시작되었다는 사실을 잊지 않았으면 좋겠다. 아침에 눈을 뜨니 앞산에서 동살이 빠끔히 얼굴을 내민다. 형님은 벌써 일어나 감자를 골라 포장하고 계신다. 이것은 동생네 것, 이것은 삼양동 누나네 것, 이것은 사돈어른 드릴 것, 시골 내려갈 때는 늘 빈손이었는데 상경할 때는 늘 가득이다. 농부의 즐거움은 농산물을 형제간에 나누어 먹는 기쁨이다.

시설 당직원

새로운 일에 도전장을 내며 근 30년 근무해오던 무역회사 대표이사직을 과감하게 내려놓았다. 몇 군데 입사를 지원하여 면접을 보았지만, 취업하기란 바늘구멍처럼 치열했다. 왜 하필 야간근무에 관심을 두었는지 아무도 모르는 일이다. 밤에 근무하고 아침에 퇴근하는 일은 한 번도 경험하지 못한 낯선 풍경이었다.

아내에게 대표이사직을 넘겨준 주식회사 M 사의 업무를 조언하기 위함이다. 물론 보수도 없는 고문역이다. 우리 부부는 무역업을 오랫동안 함께 해왔다. 국내에서 생산하지 않은 티타늄 등 금속 원자재를 수입해서 국내 여러 업체에 공급하는 일이다. 아무나 할 수 있지만, 누구나 할 수 없는 일이라 자부심과 자긍심을 지니며 열심히 살아왔다. 하지만, 어느 해부터인가 일감이 줄고 아내 혼자서도 충분히 감당할 수 있다고 판단되어 머뭇거림 없이 퇴직하였다.

세상사 어떤 일이 됐던 새로운 일에 도전한다는 것은 용기가 필요하다. 하지만, 막상 퇴직하고 보니 일자리 구하기가 생각처럼 쉽지 않다. 성경 한 구절처럼 '두드려라! 그러면 열릴 것이다.' 어느 날 우연히 '경기도 의정부교육지원청' 사이트에서 초등학교 시설 당직원 모집 채용공고를 보았다. 모집 날짜가 며칠 남지 않았다. 모집 공고 낸 2개 학교 다 집에서 10여 분 거리에 있는 초등학교이다. 전화로 상담을 했다.

한 곳은 '국민체력100' 인증서를 제출해야만 지원이 가능하다고 했고 다른 한 곳은 '국민체력100'은 근무하면서 제시한 기간 안에 인증서를 제출해도 된다며 지원 가능하다고 했다. 그래서 한 곳에 지원서를 제출하고 면접을 보았다. 면접에 합격하여 1년 무기계약직 근로자로 채용되었다.

한 번도 경험하지 못한 초등학교 시설 당직원 직을 잘 해낼지 궁금했다. 처음 접하는 일 쉽지 않다는 것쯤은 알고 있지만, 긴장된다. 첫 출근하여 시설 당직원의 임무를 부여받은 그날 밤 숙직실에서 하룻밤 잤다. 낯선 환경 탓인지 잠이 오지 않았다. 신설 학교 건물조차 낯설었다. 학교 배치도를 지참하고 순찰을 돌면서 여러 시설물 위치와 순찰 코스를 숙지하고 보안 점검 사항을 확인하는 등 시간이 꽤 걸렸다.

건물 현관문, 출입문, 교실 창문 등 잠금장치 잠금을 해야 할 곳이 한두 곳이 아니었다. 무인경비 시스템과 화재 장치 그리고 보안장비 작동상태도 확인해야 한다. 일을 찾는다면 농사일처럼 끝이 없다. 최소한 양심에 가책을 느끼지 않을 정도만큼은 책임을 다해야 한다. 마스터키로는 목문, 방화문, 교실 출입문 등이 있다. 마스터 열쇠뭉치는 손에서 놓지 않고 잘 관리해야 한다. 이 열쇠뭉치는 전쟁터에 나가는 용사들의 총칼과 마찬가지이다.

1층에서 5층까지 순찰하면서 세밀하게 살피다 보면 운동량도 꽤 많다. 일일 평균 7~9km는 걷고 있다. 임무 수행하면서 걷는 것이 가장 큰 보람 중의 보람이기도 하다. 7개월 동안 매일 걷다 보니 아랫배가 보기 좋게 쏙 빠지고 몸무게가 6kg이나 빠졌다. 3개월 수습기간이 지나고 업무에 자신감이 붙다 보니 육체적 정신적 어려움은 덜하다. 신설 학교의 각종 하자 보수공사는 여전했다.

우리나라 관급공사의 고질적인 폐습을 고스란히 드러나는 듯하다. 화재 발생 경보 오작동은 어쩌면 꼭 새벽 아니면 한밤중에만 발생하니 신기하기만 하다. 오작동이 발생하면 정신이 없다. 오작동 사이렌, 경보기, 방송 등 한꺼번에 쏟아지면 혼자서 이리 뛰고 저리 뛰고 금방 시간이 지나간다. 화재 여부를 확인하고 P형 수신기를 조작하고 119와 에스원에 연락해서 화재 오작동임을 알려주고 닫힌 방화도어를 원위치하며 수습하는데 약 2시간 정도는 걸린다.

수습을 다 하면 안도의 숨을 쉰다. 이런 밤에는 잠은 다 잤다. 어느새 새벽이 오고 아침이 밝아오면 할 일이 또 있다. 6시에 일어나 무인전자 시스템과 현관문 등 잠금장치를 해제하고 순찰하면서 보안 일일점검표와 업무 일지를 회람한다. 그리고 정문과 후문을 개방하고 숙직실로 돌아와 잠시 휴식한 후 업무를 관계자에게 인계하고 08:30분경 퇴근한다. 퇴근 후 집에 돌아와 가족들과 아침 식사를 하고 이것저것 할 일을 좀 하다 보면 금방 오후가 되고 다시 출근할 시각이 된다. 이럴 때는 하루해가 짧아 아쉬워진다.

남들은 일요일이나 공휴일이 즐거울지 모르겠지만, 시설 당직원은 일요일이나 공휴일이 반갑지 않다. 이런 날은 아침 08:30부터 그다음 날 08:30까지 학교를 지켜야 한다. 24시간 중 휴게시간이 18시간이고 근로시간이 6시간이다. 근무시간보다 휴게시간이 많다는 것에 대하여 이해가 안 된다. 이런 현상은 나만이 느끼는 불만은 아니다. 상급 해당 기관에서도 다 알고 있는 내용이며 언젠가는 시정되리라 본다.

근무 중 어느 날 갑자기 도망가야겠다는 생각이 퍼뜩 스쳐 지나간다. 한번 도망가야겠다는 생각이 든 이상 마음 다잡기는 쉽지 않았다. 지금 도망가지 않으면 주저앉을 수밖에 없다. 고민이 없는 것은 아니었지만, 무기근로계약서에 명시한 계약 기간을 채우는 것도 당연하다마는 그렇게 할 수 없는 나 자신이 미워졌다. 도망가는 것도 용기가 필요했다. 어떤 핑계도 의미가 없다. 오로지 뒤돌아보지 않고 도망가는 것뿐이다. 지나고 보니 그만둔 것이 참 묘하다는 생각이 든다.

  아들과 좀 더 많은 시간을 갖기 위하여 영감이 강렬하게 작동되었는지도 모른다. 아들은 내가 퇴직한 후에 한 달 채 못돼 갑작스럽게 '뇌내출혈'로 사망했다. 시설 당직원 생활 7개월은 나 자신의 소중한 경험이며 내 인생의 한 페이지이다. 그 인연들 소중하게 간직할 참이다. 그만둔다는 것이 학교에 누를 끼치는 것 같아 편치 않았지만, 그래도 다행스러운 것은 후임자에게 업무를 깔끔하게 인계하고 퇴직하게 되어 홀가분하다.

어떤 기부(記付)에 대하여

 졸지에 아들 잃은 나는 모든 것이 무너져 내리는 무력감에 빠졌다. 죽음은 모든 사람에게 공평하고 공정하다고 생각해왔었는데 그게 아니었다. 죽음에 대한 불공정이 마구 스쳐 지나간다. 태어난 순서대로 죽음을 맞이한다면 아마 연공서열 불공정에 대한 의견은 없을 것이다.

 또한, 부모 가슴에 대못 박는 일도 없다. 염라대왕도 너무 하시다. 하루 전까지만 해도 멀쩡하던 아들은 꼭두새벽에 의식이 없는 상태로 발견됐다. 아들 방과 화장실 어디에도 충돌 흔적을 발견하지 못했다. 아들은 방바닥에 모로 편안하게 누운 채 각혈하며 숨쉬기하기 위하여 코골이 하고 있었다.

 나는 아들 입안에 고인 피를 닦아내며 흔들어 깨우며 아들 이름을 불렀다. 아들은 아무런 대답이 없다. 아내는 울먹이며 119에 긴급 구조요청을 했다. 119구조대원이 도착하기까지 짧은 시간이 왜 그렇게 길게만 느껴지는지 초조하고 불안했다. 드디어 구조대원이 도착하고 아들은 급히 새벽을 가르며 인접한 대학병원 응급실로 실려 갔다.

응급실 앞에 구급차가 도착하자마자 당직 의료진은 바삐 움직였다. 아들을 환자용 침대에 누이고는 황급히 응급실로 들어갔다. 응급실 밖에서 초조하게 기다리는 나는 안절부절못하고 불안감을 감추지 못했다. 의사 선생은 나에게 이것저것 묻는다. "기존에 앓은 적이 있습니까?" 주민등록번호와 이름 그리고 발견 당시 상황 설명을 듣고 싶어 했다.

아들이 응급실에 들어간 지 두 시간쯤 지날 무렵 담당 의사에게서 전화가 걸려왔다. 아들은 상태가 매우 좋지 않아 수술도 할 수 없고 중환자실에서 관찰 대기 중이라고 했다. 이게 무슨 청천벽력인가, 수술하면 더 빨리 사망에 이른다고 했다. 희망이 0.01%도 없다며 절망만 전해줬다. 하늘이 노랗고 땅이 꺼지는 절망감을 느꼈다. 아내에게는 아들이 깨어나면 입을 옷가지며 안경, 휴대전화를 잘 챙겨 놓으라고 당부했는데 아내에게 어떻게 이야기해야 할지 불안했다. 눈물이 왈칵 났다.

오늘따라 새벽 공기가 매우 차다. 잠시 집에 다녀와도 되느냐? 양해를 구하고 택시를 타고 집으로 왔다. 집으로 돌아오는 택시 안에서도 아들이 깨어나지 못한다는 불안과 공포에 택시 요금을 어떻게 냈는지도 몰랐다. "손님? 오천 원 지폐가 아닌

오만 원 권을 내셨네요." "아 네, 감사합니다." 현관문을 열자마자 아내는 넋 나간 사람처럼 울먹이며 아들은 어떻게 됐냐고 물었다. 나는 멍하니 침묵하다가 조심스럽게 말문을 열었다. "아들은 살지 못한대…" 이 말에 아내는 충격을 받고 통곡했다. "정신 차려야 해! 당신까지 쓰러지면 모든 것이 끝이야!"

아내를 진정시켜놓고 다시 병원으로 향했다. 하루 이틀 지나면 아들이 깨어날 줄 알았는데 그게 아니었다. 지금 아들은 의학적으로는 살아있지만, 이미 사망 선고받은 것과 마찬가지다. 병원에 도착하여 차 안에서 조바심을 내며 대기하고 있었다. 코로나 19가 인류의 정까지 끊어 놓았다. 사람이 사망해도 부모 중 한 사람만 임종을 볼 수 있다고 하니 참말로 기구하다. 잠시 후 한 통의 전화가 걸려왔다.

"담당 의사입니다. 삽관하시겠습니다. 동의하십니까?" "예" "수혈하시겠습니까?" "예" 그리고 잠시 후 정말로 희망이 손톱만큼도 없는지 "연명치료하시겠습니까?" "아니요." 경황이 없는 상태라 무엇이 무엇인지 혼미했다. 희망이 없다는 사람에게 연명치료는 무슨 의미일까 생각했다. 물론 아내도 내 말에 동의할 것으로 생각했다. 죽음을 눈앞에 둔 생명체를 놓고 아버지로서 할 말인지 자괴감이 들었다. 아들과는 정말로 영영 이별이란 말인가, 믿기지가 않는다. 아들은 식물인간으로 중환자실 병동에서 쓸쓸하게 식어가고 있었다.

"제발 아들 얼굴 한 번 볼 수 있습니까?" "코로나 때문에 지금은 어렵고 임종 시 부모 둘 중 한 명만 가능합니다." 내가 할 수 있는 것은 하나도 없었다. 그냥 멍청하게 손 놓고 있을 뿐 아니라 집에서 초조하게 전화만 기다리는 신세가 되었다. 고작 한두 번 담당 간호사에게 아들 근황을 물어보는 정도였다.

하루, 이틀, 사흘, 나흘, 이레째 되는 날 급한 전화를 받았다. 서둘러 병원으로 오라는 것이다. 병원에 도착할 때는 이미 아들은 사망했다. 아들이 죽었다는 사실에 인정하고 싶지 않았다. 하지만, 인정하고 싶지 않아도 인정해야 하는 현실이다. 아들을 만나고 나온 아내는 기진맥진 산 사람처럼 보이지 않았다. 아내를 부축하고 다독이며 "아들을 잘 배웅하려면 당신이 정신 바짝 차려야 해!" 단호하게 말했다.

세상에서 가장 큰 대사는 초상이다. 초상은 보고 싶어도 다시 볼 수 없는 죽음이다. 아들 장례절차를 알아보려고 그 와중에도 나는 분주하게 움직였다. "화장터가 없다고요? 강원도 원주, 횡성, 성남도 없고 4일장 치른다면 벽제 승화원에서 가능하다고 했다. 이승과 작별하는 사람이 이렇게도 많단 말인가,

우여곡절 끝에 아들 빈소가 정해지고 조카들이 상주가 되어 문상객을 맞았다. 아들 마지막 배웅은 외롭지 않았다. 지금껏 한 번도 아들을 제대로 인정하지 않았지만, 아들과 이별하고 나니 아들이 훌륭한 청년이었다는 것을 깨달았다.

한참 재미 붙이면서 열정적으로 활동하며 살아왔는데 아들이 아깝고 대견하다. 서른아홉, 아들 인생은 짧고 굵게 살다 간 모범생이라 확신한다. 아들을 만나고 온 날 나는 아들에게 용서를 빌며 그곳에서 훨훨 꿈 펼치고 아프지 말라고 신신당부했다.

아들 묘비에 새겨진 '기부(記付)'란 두 글자가 너무나 미안하게 가슴에 닿아왔다. 하지만 한 줌의 흙이 되어 자연으로 돌아가는 아들 모습은 한없이 편안하고 평온해 보였다. 아들을 먼저 보낸 내 부덕의 소치임을 가슴 깊이 간직하며 반성하고 성찰하며 살아갈 것이다.

눈물로 쓴 엄마의 편지

 귀하고 귀한 아깝고 아까운 내 아들아! 보고 싶구나.

 모질고 못난 엄마는 생살을 찢는 고통으로 얻은 너를, 가슴을 도려내면서 보내려고 하는구나. 세상 어느 엄마가 상상이나 할 수 있을까, 열 달 품고 배 아파 낳은 자식을 내 손으로 묻을 줄이야, 자식 앞세우는 죄인이라는 말이 있더라. 이 엄마는 결국 죄인이 되었구나.

 꺼져가는 정신을 붙잡고 엄마를 부를 마지막 힘조차 내지 못했을 널 생각하면 눈앞이 캄캄하고 끝없는 낭떠러지로 떨어지는 심정이야.

 아들아! 의식 없이 덩그러니 병원 침대에 누워있는 널 쓰다듬고 어루만지면서 돌아와 달라고 어서 일어나 엄마랑 집에 가자고, 엄마아빠한테 이러면 안 된다고 울며 애원했던 어미는 이제는 모든 고통을 훌훌 털어내고 훨훨 날아가라고 기도했구나.

아름다웠던 너의 모습이 남아있을 때 엄마·아빠와 너를 아는 모두의 기억 속의 아름다운 너를 간직하려고 실낱같은 생명을 부여잡고 있는 너의 손을 놓아주기로 했구나.

사정 모르는 사람들은 쉽게 자식을 포기한다고 말하겠지만, 하지만 엄마아빠는 처절하고 고통스러웠던 투병의 기억과 그 과정들을 너에게 또다시 시작하게 할 수가 없구나. 살얼음판 디디듯 조심스레 살아온 시간과 올여름 완치 판정받았다고 좋아하던 너의 모습 선하구나.

하지만 잔인한 운명은 전혀 예상치 못한 방식으로 새로운 인생이 꽃피기 시작한 너를 기어코 빼앗아가는구나. 아직도 "엄마! 아들 왔어"라며 일어설 것만 같은 너를 보며 십수 년 간의 투병을 떠올리게 된다. 보통 또래들은 겪지 않았을 고통과 두려움을 한창 꽃피울 청년기부터 겪어온 너였기에 그런 너를 지켜본 엄마였기에 자식의 고통을 내게 달라고 가슴을 쥐어뜯은 게 얼마였을까. 흐트러지는 모습을 너에게 감추려고 겉으로는 담담한 척 냉정한 척했구나.

엄마는 상상할 수도 대신할 수도 없었던 치료와 부작용의 고통을 온몸으로 겪어온 너는 말 그대로 참을성 자체였지, 온몸의 피를 새롭게 바꾼 후에 조금씩 나아지면서 건강 회복을 위한 너의 노력이 얼마나 처절했는지 엄마는 잘 알고 있었다. 하지만 그 고통의 시간이 우리 가족에게는 결코 무의미한 것이 아니었단다. 어쩌면 세상에서 가장 값진 고통이었다고나 할까? 아픔 없이 피는 꽃이 없듯이 우리 가족은 너의 고통을 딛고 아름답게 피어났지.

　서로를 향해 애틋하고 아끼는 마음이 더 많이 생겨난 거야. 아빠의 시에서처럼 서로 코드가 다른 우리 세 사람이 말 그대로 버무린 가족이 된 거야. 너의 고통이 우리를 진정한 한마음 가족으로 버무려 준거야. 물론 너 자신도 새롭게 얻은 생명을 소중하고 귀하게 여기며 매 순간 조그마한 것에도 감사 또 감사하는 마음을 갖게 된 거야. 네가 항상 꿈꾸며 바랐던 배우의 길 말고도 새로운 운명을 시작했을 때는 엄마는 반신반의했지만, 너는 곧 그런 걱정이 쓸데없는 거라는 걸 보여줬어. 내 아들 준우가 김명리 선생이 되고 사람들의 고충을 풀어주면서 네 자신의 쌓인 업장도 푸는 거라고 했을 때 엄마는 내색은 안 했지만, 감동 먹었단다.

　수년간에 걸친 자원봉사와 소소한 기부를 통해 네가 할 수 있는 한 베풀면서 살았지. 그래서 엄마는 자연스럽게 너를 따르게 된 거야. 준우와 김명리로 성장해가면서 너 자신과 주변 사람들에게 선한 영향력을 끼치게 된 거지.

　최근 몇 년간 너는 끊임없이 엄마와 아빠에게 좋은 곳, 아름다운 곳, 맛있는 것을 먹으러 가자고 했었지. 조금이라도 새로운 것이 생기면 엄마아빠에게 보여주고 싶어 했고 같이 가고 싶어

했었어. 네 덕분에 엄마는 평생 다닐 여행과 등산, 영화, 맛집을 너와 함께 다녔잖아. 또 할머니와 이모들 모시고 여기저기 경치 좋은 곳과 새로운 볼거리, 맛집을 많이 다녔지. 그럴 때마다 다들 즐거워하는 모습을 보며 행복해했던 너의 모습이 생각나는구나.

할머니와 이모들 모시고 처음으로 제주도 여행 다녀온 것 기억나지? 그 나이 먹도록 비행기 한 번 못 타본 사람은 아마 흔치 않을 거야. 다음번 제주도 여행 때는 지난번 여행 때 못 가본 여러 곳을 가기로 약속한 것 알지?

아들아! 못난 엄마는 그때 왜 몰랐을까? 너는 너에게 주어진 시간이 남들과 다르다는 것을 이미 느끼고 있었는지도… 그래서 남은 시간을 충실히 행복으로 채우려고 그랬었던 거라는 걸.

준우야! 내 아들아! 고맙고 또 고맙다. 엄마, 아빠는 네가 우리에게 주고 간 사랑과 행복을 삶이 다하는 날까지 가슴 깊이 새기면서 잊지 않을 거야.

내 아들 준우야, 김명리야! 너는 매 순간 최선을 다해 잘 살았고 누구보다도 찬란하게 살다 갔다고 기억할 거야. 네가 우리에게 안겨준 요거트도 너를 대하듯이 잘 보살펴줄 거야. 앞으로 엄마아빠는 조금만 슬퍼하고 조금만 울고 네가 주고 간 좋은 추억만 떠올리며 많이 행복해할 거야.

엄마아빠는 네가 먼저 떠난 먼 여행길의 끝에서 우리와 다시 만날 때까지 항상 우리에게 준 행복했던 날들을 소중하게 간직할 거야. 고맙고 미안하다 준우야! 사랑하고 또 사랑한다.

  마음속으로만 간직하고 입 밖으로 쉽게 내지 못했던 너를 향한 마음 크게 외친다.

  사랑하는 준우, 내 아들아 잘 가거라.

못난 엄마 현경희가
2020. 10. 22.

/ 작가의 말 /

문학성에 대한 소고

   모 협회에 회원으로 입회한 후 새로운 월간지가 배달되었다. 월간지에 실린 '수필의 문학성, 어떻게 업그레이드할 것인가?'라는 주제로 다섯 분의 명망 있는 수필가의 좌담을 읽으면서 수필을 쓰는 작가로서 많은 생각을 하게 한다. 내용에 의하면 현재 수필 문단 인구가 1천 8백여 명이나 되며 지방의 지회를 통해 등단해서 아직 중앙 문단에 입회하지 않는 수필가까지 합치면 약 3천 6백여 명이라는 거대한 수필 군단이 된다.

   "작가는 작품으로 말하라고 할 때 그 '작품'은 곧 문학성, 예술성을 말한다." 수필은 같은 문학 갈래 중에서 독특한 성질을 지니는 문학이다. 수필을 흔히 '붓 가는 대로 써놓은 글'이라 배웠다. 과연 붓 가는 대로 써놓은 글이 수필인가?

   시나 소설, 희곡과 같이 어떤 형식의 제약을 받지 않고 한 초점으로 모인 서정이나 사색을 그대로 산문으로 표현하는 문학이다. 수필의 역사를 잠깐 살펴보면 중국에서는 남송(南宋)의 홍매(洪邁)가 쓴 『용재수필』에서 비롯되고 서양에서는 1595년 몽테뉴(Montague, M·E.de)의 『수상록(Essayists)』어로부터 비롯된다. 그리고 우리나라에서는 고려 때부터 서설, 증서, 잡기, 찬송, 논변 등의 문장 형식으로 전해 내려온다. 조선 시대에는 이민구의 『공주집』에 실려 있는 독사수필이나 조성건의 『한거수필』, 박지원의 『일신수필』 등이 특히 우리나라 수필의 새로운 발흥을 가져온 작품들이다.

수필의 특성은 그저 담수와 같은 심정으로 바라본 인생이나 자연을 자유로운 형식에 담은 것이다. 인생을 통찰하고 달관하여 서정의 감미로움이 번득이기도 한다. 그러기에 수필은 독자의 심경에 부딪히기도 하고 사색의 반려가 되기도 하여 입가에 미소를 짓게 하고, 천리의 심오한 명상에 잠기게 하기도 한다. 따라서 수필은 소설의 서사성(徐事性)을 침식하고 시의 서정성을 차용하기도 하면서 무한한 제재를 자유로운 형식으로 표현하여 인생의 향기와 삶의 성찰을 더 하게 하는 것이다.

물론, 수필도 일기체, 서간체, 기행문 또는 담화체로도 쓰이고 서사적 형식 극적 형식 등 여러 가지 산문으로 쓰이기도 하나, 소설이나 희곡과 같은 구성상의 제약은 받지 않는다. 내용 면에서도 인간이나 자연의 어느 한 가지만 다룰 수도 있고, 여러 가지를 생각나는 대로 토막토막 다룰 수도 있다. 또한, 수필은 개성적이며 고백적인 문학이다. 어떠한 문학 양식도 작가의 개성이 짙게 풍기고 노출되는 양식도 드물다. 시에서는 정서의 승화와 은유의 기법 속에 개성이 융합되고, 소설이나 희곡은 표현의 뒤에 개성의 향취와 분위기가 있지만, 수필은 작가의 적나라한 심적 나상과 개성이나 취미, 인생관 등이 그대로 나타나는 자조적이며 고백적인 문학이다. 그리고 수필은 제재가 다양한 문학이다. 이렇게 수필은 무엇이라도 다 담을 수 있는 용기(容器)이지만, 그러한 제재는 작가의 투철한 통찰력과 달관 때문에 선택되어야 하고 정서적, 신비적 이미지를 거쳐 나오는 생생하고 독특한 것이어야 한다.

수필을 두고 해학과 기지와 비평 정신의 문학이라 말하기도 한다. 수필은 상황의 단순한 기록이나 객관적 진리의 서술이 아니다. 알비레(Alberes, R. M)가 말한 대로 "지성을 기반으로 한 정서적, 신비적 이미지로 쓰인 것"이어야 한다.

거기에는 서정의 감미로움과 입가에 스치는 미소와 벽을 뚫는 비평 정신이 있어야 한다. 또한, 주름살을 펴고 파안대소할 수 있는 해학이 있어야 하고, 놀라 기겁하면서도 즐거움을 주는 기지가 있어야 하며, 얼음장처럼 냉철한 비평 정신에 의한 오늘의 인식과 내일의 지표가 있어야 한다. 물론 해학과 기지는 소설이나 희곡 등 다른 장르에서도 중요시하는 요소이며 비평 정신은 문학비평의 기본 요소이다. 특히 수필에서는 지적 작용을 할 수 있는 비평 정신이 그 밑받침이 되며, 시가 아니면서도 정서와 신비의 이미지를 그리게 하려고 해학과 기지가 반짝여야 한다. 서정이 어린 지성과 섬광이 바로 수필의 특성이다.

　수필 문학에 대한 변화가 꿈틀대고 있는 것도 사실이다. 수필의 형식, 분량, 주제 등 다양한 의견이 표출되어 수필 문학의 장래는 매우 밝다고 생각한다. 20세기 후반 문학의 중심은 문학 장르가 무너져서 산문시대로 접어들었다는 것이 예감되고 있다. 수필이 바로 그 주축이 되었다는 것이다. 따라서 이러한 수필 시대를 주도하려면 먼저 우리 수필가들이 안이한 자세를 떨쳐버리고 마음가짐을 가다듬어야 한다.

　수필을 경시하는 풍조는 사라져야 한다. 단순 붓 가는 대로 쓰라고 했지만 어떤 붓을 가지고 무엇을 쓰라는 명제가 없다 보니 "누구나 쓸 수 있는 것이 수필이다."라는 착각에 깊숙이 빠져 있는 것은 아닌지 뒤돌아본다. 어떤 장르의 글이든 기본 바탕은 상상력에 기초를 둔 지혜와 진실성에 입각한 창조적인 글이 되어야겠다.